改訂新版

お墓の開運学

幸福をよぶお墓の建て方

【はしがき】

私たちの日常生活のなかには常設の供養の場としての仏壇があり、いかに日本人の生活が、極めて強く先祖供養に結びついているかということを証明するものといえると思います。

それは、日本古来の伝統の先祖崇拝であって、仏教以前からの庶民の信仰であり、そこには、死後の霊魂は汚れた、祟りをなす、恐ろしいものという霊魂観（日本書紀）に根ざしているのです。

古い野墓地によく見られる、土饅頭の上に置いてある石は、墓じるしの代わりと思うかもしれませんが、民俗学では、恐ろしい魂をおさえ込むところからきているもので、この魂を封鎖し（墓の周囲の柵や垣根は、そこから出られないようにということからきている）、さらに祟らないように鎮魂する（葬儀に始まり忌いあげまでの各種のまつりや法事）という、一口にいえばこういうことなのです。

汚れを村はずれの埋め墓に埋めて、そこには詣らず、寺に詣り墓をたてて、ここに詣って鎮魂するという形（日本の両墓制）が形成されたのです。そして、生前の罪亡ぼしをするために、貧しい人や社会に善根を施す（福田）ということで、各種の法要の後に配る粗供養は、ここからきているといわれています。名古屋の熱田に裁断橋という橋がありますが、若くして合戦で死んだ、堀尾金助の母がその滅罪のためにつくったといわれています。

霊魂が段階的昇華することを「うかぶ」といい、逆に「うかばれない」はここから出た言葉です。

一般に、私たちが死に直面するのは、両親、兄弟、親戚、友人など、いつも馴れ親しんでいる人が死んだ時です。こうした時、私たちは「人間はなぜ、死ななければならないのか」とか「人間は死んだらどうなるのだろうか」などと考えて、この世の「はかなさ」を感じたり、「死の恐怖」を覚えたりします。この「はかなさ」や「恐れ」を救うものが宗教であり、宗教的感情だと、私は考えています。近代的科学技術では解明できないのが「人間の死」の問題なのです。

お墓のことを考える場合、私たちはどうしても、この「死の問題」を避けて通るわけにはいきません。ですから第一章では、私たち日本人が死についてどのように考えてきたかを明らかにするとともに、仏教民俗学の視点からお墓の

先祖のまつり方を説く「お墓の講演会」風景

起源と歴史へのアプローチを試みました。それは、人間は死ねば祖霊となって生者の安全と幸福を守ってくれる、という祖先信仰を私たち日本人は深く信じてきたということです。したがって、私たちがお墓をたてる本来の目的は先祖まつりにあるのであり、「まつりこそ墓である」ことをできるだけわかりやすく説明しようと試みたものです。

第二章は、建墓の上で禁忌《タブー》とされている墓を指摘し、よくないとされている墓は先祖まつりの本義からみてもはずれていることを明らかにしたものです。

第三章は、以上の視点に立って、実際に幸運を招来する墓をたてる場合の原理とルールを実用知識を盛り込みながら述べたものです。

第四章は、血縁のお墓から離れ、増加の一途をたどるペットのお墓、大企業の会社墓などについて述べたものです。

第五章は、戦後、「家」の崩壊にともない、お墓を誰がまつるか、その祭祀をめぐってさまざまなトラブルが生じています。その典型的なケースを挙げ、解決法を提示しました。

第六章は、筆者が長い間、直接かかわりあった多くの事例のなかから、建墓によって幸運をつかんだ実例を示し、読者の参考にしました。

お墓をたてる行為は、死者を追慕し供養するという、極めて人間味豊かな行為です。私たち人間の行き着く終着駅が死であるとすれば、お墓は私たち人間の「原点」であり、「ふるさと」といえます。今こそ、この「ふるさと」の意味を再発見し、未来の私たちの子孫のためにこのすぐれた遺産を残したいと考えるのは、筆者だけではないだろうと信じています。

目次

第五章　こんな時のお墓のたて方——155

第六章　こうすれば家運はかわる

装幀&本文デザイン　越海辰夫

第一章　お墓は家の根——お墓の意味と歴史

日本人は死をどう考えてきたか――その霊魂観

人間が死者を葬るようになったのは、極めて古い時代からであり、その起源はおそらく人類文化の発祥にまでさかのぼることができます。日本でも、すでに縄文時代には、貝塚のなかにお墓の痕跡がみられます。

では、なぜ、人間は死者を葬るようになったのでしょうか。それは、「死者への畏怖」と「死者への追慕」という二つの相反する感情が、人間をして死者を葬るという行為にかりたてたということでしょう。

そして、人間が死んでも霊魂が残るという考えは、この葬る行為とともに、古くから人々のなかで信じられてきたことなのです。肉体は滅びても霊魂は他の世界に住んでいるとか、別の生物になりかわるとか、あるいは生まれかわって再生するとか、時代によっても民族によってもさまざまですが、少なくとも、人間は霊魂の存在を信じることによって死の恐怖から逃れようとしたことだけは確かです。

このように日本人が死者の霊魂や先祖をどうとらえていたかは、現代、お墓や先祖まつりの問題を考える場合に、当然どうしてもふれなければならないことですし、ふれずにお墓を説明することはできません。日本語では、古くは霊魂のことをタマといい、そのタマにもイキミタマ、アラミタマ、ミタマの三種があると考えられてきました。イキミタマは生きているものの霊魂であり、アラミタマは新霊《アラミタマ》で新しく死者となったものの霊魂で、荒魂《アラミタマ》ともいわれ、人間と祖霊の中間にあってまだ穢《けが》れが多く、そのために祟《たた》りやすく危険な霊魂であり、ミタマは浄化されたなごやかな先祖の霊のことを意味しています。

アラミタマは荒《すさ》ぶる魂で、放っておけば生きているものに災厄を及ぼすので、一定の場所に封鎖して、その霊魂を鎮めようとしました。つまり石をのっけたり、垣根で囲ったりして、荒魂が飛び出さないようにしたのです。そして、清めを行うことによって、だんだんと罪や穢れが消滅し浄化されて、子孫に恩寵《めぐみ》を与えてくれる祖先に近づいていくと信じられていました。日本人は、罪には重量があり、滅罪されない魂は地下（地獄）に沈んだままさまよっていますが、滅罪の儀礼が進むにつれて魂は軽くなり、天（極楽）に昇っていくと考えていたのです。仏教では、これを「うかぶ」といっています。自分の子孫に供養もしてもらえない霊魂は、生前の重い罪を背負ったままで永遠に「うかばれない」のです。

仏教では、その浄化＝供養の区切りは四十九日、百か日、一周忌、三周忌、さらに『十王経』の普及により七年忌、十三年忌、三十三年忌が加えられ十三仏事となりました。三十三年忌は「弔切り《といき》」とよばれて仏教による供養の最後とされ、この段階になるとアラミタマもその個性をまったく失って祖霊となり、やがては神になると考えられていたのです。

そして、この祖霊の住んでいる場所、すなわち「あの世」は、私たちが日常、生活している「この世」とはそれほど離れていない所、たとえば近くの清浄な高い山の上などにあり、そこで子孫を見守っており、季節ごとに訪れては子孫に繁栄をもたらしてくれるとされていたのです。

今でも、私たちは、お盆には盆路をつけたり迎え火を焚いたりして、先祖の霊を自分の家に招き入れてお供えなどをしていますが、この風習なども、たんに仏教的行事というだけでなく、もっと古くから日本人のなかに生きていた祖霊まつりと仏教の盂蘭盆《うらぼん》が、うまくとけ合って仏教的行事となり、今日に続いてきたものなのです。

私たちは、お墓とか供養とかを考える場合に、ともすれば仏教の観念的な解釈だけですませがちですが、ともすると科学の進歩にともなって、そのよって来たるべき意味などを知ろうとせず、現代人とか現代風という風潮にまかせて、いつの間にか、本来の意味とはまったくかけ離れた、たんなる流通商品の墓ができ上がってしまった、ということになります。そうではなく、仏教以前の民俗にあらわれている日本人の古くからの庶民の信仰と照らしながら、現代の葬儀やお墓や供養のあり方を見直す必要があるのです。

以下、仏教民俗学者の五来重氏の意見を参考にしながら、先祖供養やお墓の問題を庶民信仰とのかかわりのなかで考えてみたいと思います。

二つのお墓——埋め墓と詣り墓

一般に葬送の方法として、風葬、洞窟葬、樹上葬、台上葬、鳥獣葬、土葬、火葬、ミイラ葬、舟葬、水葬などが挙げられます。それぞれ、人間の死に対する観念の反映とみられ、死を忌まわしいものと考えるか、死を神聖なものと考えるかによって、葬送のあり方がかわってきます。

古代の日本人が抱いていた死者の肉体の穢れに対する嫌悪感、さらに畏怖感は、現在の私たちが想像する以上に遥かに大きかったと思われます。四季があり、水が豊かで、しかも寒暖の差が厳しくないという恵まれた自然と風土に培われた日本人は、清潔好きな民族だといわれますが、このような日本人が、腐りゆく肉体や屍体の発する異臭に対して非常な恐怖感をもったとしても、極めて自然ななりゆきでした。

ですから仏教以前の昔では、人が死ねばその遺体は離れた山野や河原に棄てて去られていました。これは林葬とか野葬とよばれ、民俗学では遺棄葬などといわれていますが、いずれにしろ「風葬」のことです。律令により土葬、仏教により火葬が奨励されるようになってからも、この風習が十四世紀頃まで、一般庶民の一部に残っていたことが記録にも記されています。

埼玉県川越の近くに吉見百穴という横穴群集墳がありますが、これは昔は死体の捨て場であり、調査によれば、一つの穴にいくつかの死体が入れられていたそうです。また、京都の東山山麓の鳥辺野も平安時代の末までは、死体の共同捨て場であったことが『餓鬼草紙』などで知られていますし、近頃の旅ブームで若い女性にもてはやされている「あだし野」も、もとはといえばこうした共同の風葬の地だったのです。現在でもこうした共同墓地は三昧《さんまい》などとよばれ、村はずれに残っている所もあります。

『日本書紀』にモガリ（殯）という言葉が出てきますが、これも風葬の名残だといわれています。死者が出た場合、この死者を喪屋《もや》に安置し、一定の期間、食事を供えたり、歌舞したり、呪文を唱えたりして荒魂の静まるのを待つ行為を意味します。遺体は、貴族であれば棺槨《かんかく》（ひつぎ）に納められ、庶民の場合はゴザの上に置かれて、室内や地上に数カ月、もしくは数年間、肉体が風化して霊魂が清められるまで放置されたのです。

こうして清められ、浄化された霊魂は、近くの山の上の神聖な場所に移され、まつられました。白山、立山、恐山、高野山など霊山として今でも人々がお参りする高山は、もともとこの共同の霊場だったのです。

この場合の供養は、今のように墓石をたてることではなく、霊魂の依代《よりしろ》として常磐木《ひもろぎ》をたてて霊を招くことでした。この常磐木は松や杉などの常緑樹であり「はな」とよばれましたが、これが仏教化したものが卒塔婆です。

このように日本には古くから、死者の肉体を棄てて風葬にする共同墓地と死者の霊魂をまつるための共同の霊場（墓地）の二つがあり、その後、死者を土中に埋葬するようになってからも、埋《うず》め墓として別々に残りました。

これが、柳田国男氏によって日本の墓制の特徴と指摘された両墓制の原型であり、これを霊場崇拝型両墓制といいます。

この霊場崇拝型両墓制は、文化の発展により死者の穢れや死霊への恐怖が薄れ、仏教の影響が庶民の間に強まるとともに、肉親の霊を遠くの霊場から移して近くのお寺やお堂にまつるようになります。これを村内型両墓制といいます。ですから、両墓制も時代がくだるにつれて、遠隔型から同村内に詣り墓と埋め墓のある近接型となり、それがさらに近世以降、個人でお墓がもてるようになるにつれ、遺体や遺骨を埋めた墓の上に石塔をたてて供養する埋め墓と詣り墓が一緒になった単墓制のお墓にかわってくるのです。

■お墓の起源──埋め墓とモガリ（殯）

現在、お墓といえば石塔がつきものですが、両墓制の埋め墓には本来、石塔はありません。せいぜい盛り土の上に目印として木碑がたてられるか、自然石が置かれるだけでした。それも、長い年月の間には木碑も腐り、盛り土も平らになって、その頃には遺体も土に帰って自然の一部と化してしまっていますので、そこにまた次の新しい死者を埋葬するという循環が数千年にわたって繰り返されてきました。そうでなければ、長い歳月のうちに、この狭い日本の国土は、お墓だらけになっていただろうと思われます。

それでは埋め墓には何も置かれなかったのでしょうか。なるほど、石塔のような後に残るようなものはありませんが、民俗としてはモガリの風習が現在でも残されています。

モガリという古代の葬法は、死んで間もない死者の荒魂のタタリが恐ろしいので、荒魂が鎮まるまで、それを封鎖する意味があったのですが、そのために死者の墓上をおおう構造物のことをモガリといっています。この構造物は、風葬の習慣がすたれて土葬や火葬をするようになってからもその埋め墓の上に置かれ、忌垣《いがき》、サンギッチョ、霊屋《たまや》とよばれて今日まで続いています。モガリにもいろいろの形があるといわれています。

屋外で死者を風葬する場合、これを人目や太陽から隠すために作られたモガリが、青山、または青柴籬《あおふしがき》で、モガリのなかでももっとも原始的なものです。青山は現在、御霊《ごりょう》（怨霊）をまつる石清水八幡宮の青山祭に残っています。荒魂の疫神をまつるために青木の枝をそえた忌垣を八角形に囲んでいるのが、あたかも青葉の山のように見えるところから、この名が生まれました。高野山周辺には今でも、墓の上に大きな樒《しきみ》の枝を山のようにたてておおうモガリが残存しているといわれます。

この青山型モガリよりもっと一般に見られるのはモンドリ型モガリで、墓の上を七本の竹、あるいは多くの竹で円錐形におおったり、その上を縄でぐるぐる巻きにしたりしているものです。竹が三本になるとサンギッチョとよばれ、ふつうはその真中に鎌をつるしたりしています。

四本の柱をたてて家型の屋根と四壁をつけたモガリが霊屋型モガリで、アコヤ（阿古屋）、ヤギョウ（屋形）、龕前堂《がんぜんどう》、スズメ堂（鎮め堂）、喪屋、野屋など、いろいろによばれています。

お盆の霊祭《たままつり》の精霊棚《しょうりょうだな》に霊屋型のものが多いのは、まだ十分に浄化・鎮魂されていない新霊を供養（封鎖鎮魂）する場所だからだと考えられます。葬式の日に棺を庭に出して庭葬礼を行うところでは、四本柱をたててヘヤを作り、四門額（発心門、修行門、菩提門・涅槃門）を掲げた四門をくぐって四門行道をするのも、霊屋型モガリの名残だといえます。また霊柩車が霊屋型なのもたんなるデザインではなく古い民俗の形が生きているのであり、まわりの忌垣と四方

サンギッチョ型モガリ

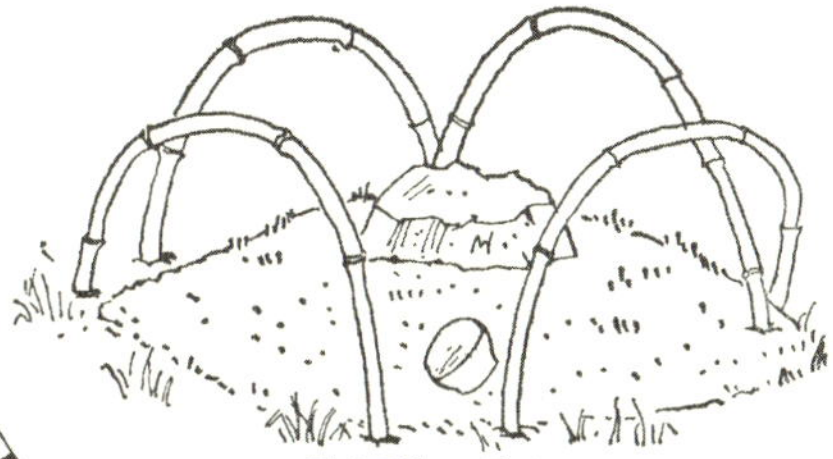

忌垣型モガリ

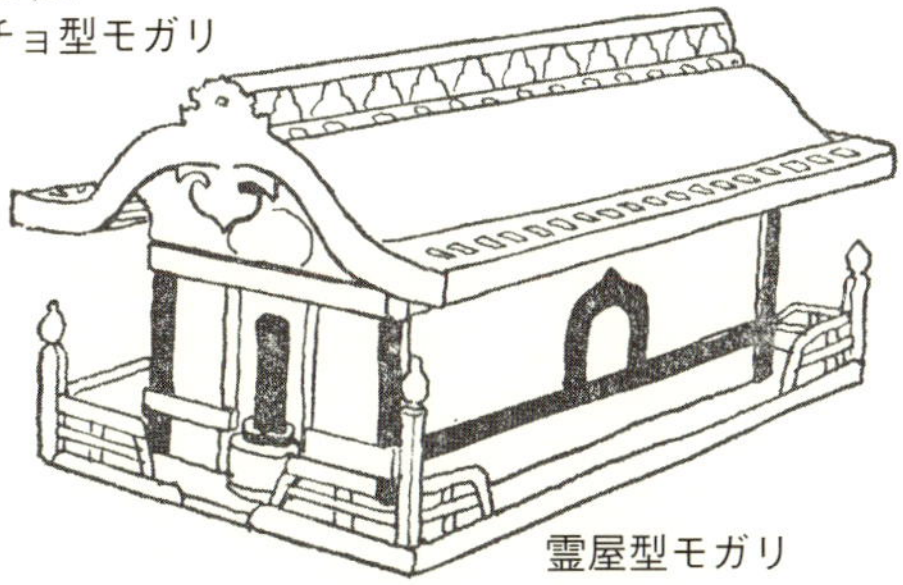

霊屋型モガリ

鳥居はこの四門をあらわしているのです。

　モガリの封鎖性の意味が忘れられてくると、埋め墓の上に屋根だけをさしかけたり、盛り土のまわりに先をとがらせた忌竹《いみだけ》の柵をまわすだけになります。四本または二本だけ、あるいは一本の竹柱をたてて屋根をつけたのが素屋《すや》型モガリ、忌竹の柵をめぐらしたものが忌垣型モガリです。この忌垣が仏教化すると四十九院とよばれるものになりますが、もとは四門行道するためのモガリで、一辺を十三本とする四辺四十九本の卒塔婆垣のそれぞれに「垣説華厳院」以下、「常行律儀院」までの四十九院の名と梵字を書いたものなのです。

墓の上に籠をかぶせたり、網をかぶせたりするのも、このモガリの封鎖性を示したもので、籠型モガリと名づけられています。

そのほか、墓に四本柱をたてて晒《さら》し木綿の墓を三段、五段、七段に張ることがあり、サンダンマクなどとよばれますが、これが墓垣型モガリです。

また沖縄などで埋め墓のまわりに石を積んでいますが、これを積石型モガリといっています。『日本書紀』に花縵《はなかずら》をモガリの上にたてたという記録がありますが、これはモガリの上をおおう傘（繖《きぬがさ》）だったと思われ、今でも葬式で花籠として使われているものの原型です。

このように、日常よくみられる墓上の構築物のなかにも、大昔の日本人の霊魂観の名残をみることができるのです。

なぜ、こうした古い民俗が葬制のなかに残されているかといえば、人間は死に直面する機会は滅多になく、その場合どうしていいのかわかりませんので、結局、年寄りの話や昔のしきたりを参考にして身を処するようにならざるを得ません。したがって、葬制に古い民俗が残るようになったのだと思われます。

石塔の発生――詣り墓と卒塔婆

以上の説明で、埋め墓にモガリが置かれていたことは、おわかり願えたと思いますが、それでは詣り墓はどうなのでしょうか。

ふつう、そこには石塔がたてられています。その起源がヒモロギにあることはすでに述べましたが、古代の日本人は、山や樹木や石に人力を超えた不思議な力を感じ、そこに神や霊魂が宿ることを信じていました。そして、祖霊をまつる場合には、槇や杉などのヒモロギの枝や梢を山上の霊場にたてて祖霊を招き、その加護を願ったのです。仏教が死者の葬礼に介入するようになると、この霊場は寺院のなかに移されて詣り墓となり、ヒモロギは仏教のシンボルである卒塔婆にかわっていきます。

寺院のなかに移された詣り墓はラントウバ（卵塔婆、乱塔婆）蓮台野、三昧などといわれますが、ラントウバはおそらく檀徒墓からきているのだと思われます。埋め墓は共同墓地なので、お寺の宗派には関係ありませんが、詣り墓はその寺の檀徒だけに許されていたからです。

ウレツキトウバ（梢付塔婆）は、ヒモロギの形をもっとも残している樹木卒

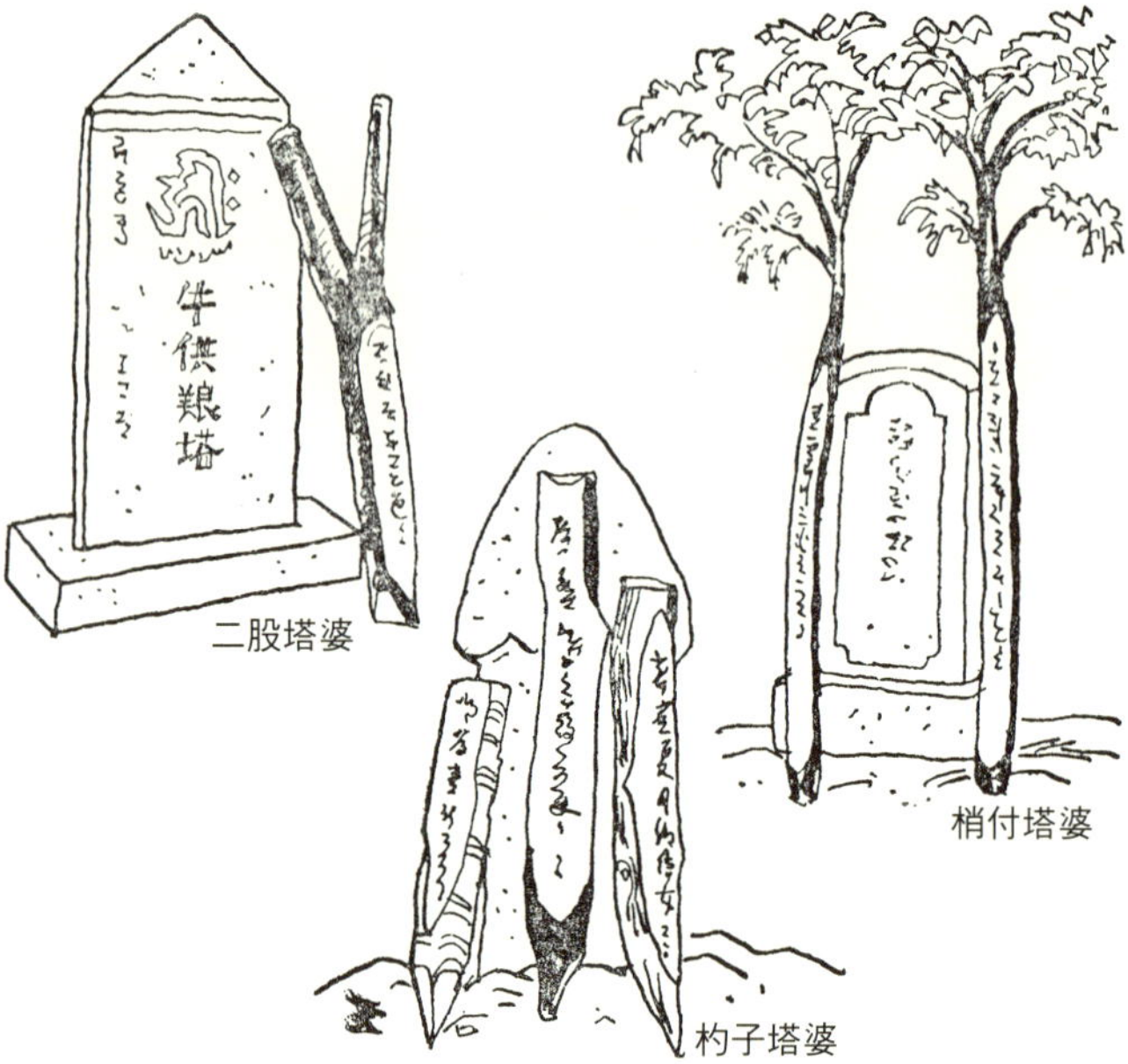

塔婆で、日本独自のものです。ナマキトウバ（生木塔婆）、ハツキトウバ（葉付塔婆）などともよばれて、三十三年忌の時にこの塔婆を浄化された霊のためにたてる習俗が今でも各地で見られます。

この梢付塔婆に文字を書くためには、面を広くとらなければなりませんから、大きな木を取ってきて梢を切り落とすようになります。これが尖頭の棒型（杖型）塔婆です。また、これがなま木であることを示すために枝を一本だけ残したのが二股塔婆で、現在は庚申《こうしん》塚や牛馬の供養塔に用いられています。

棒型塔婆を松で作れば松ボトケ、杉であれば杉ボトケなどといわれ、これをたてることを「ホトケ立て」といいます。

この棒型塔婆の文字面を深くえぐったものを杓子《しゃくし》塔婆とよぶ所があり、これが石造化したものが板碑《いたび》になります。

また、この棒型塔婆は真言宗の制式となって、尖頭に二条刻線を入れた六角塔婆として現在も盛んに使われます。

六角塔婆を四角にし、尖頭部を圭頭形にして二条刻線を残した笹塔婆は『餓鬼草紙』にも描かれています。

角柱型塔婆は、木碑として死者の戒名や俗名を書いて埋め墓の上にたてられます。この角柱型塔婆はやがて板卒塔婆となりますが、それがさらに薄くなると経木塔婆になります。これらにも頭部を三角にするものと、仏教のシンボルとして五輪を刻むものとがあります。こうした変遷は、すでに平安時代の末には完成していたといわれています。

お墓の歴史

仏教は六世紀の前半には日本に渡来していますが、その影響のもとにお墓がつくられるようになってから以降の歴史を簡単に述べますと、火葬が初めて行われたのは七〇〇年三月、南部元興寺の道昭が死んだ時です。この葬法は、その後急速に広まり、七〇三年には持統天皇、七〇七年には文武天皇、七二一年には元明天皇、七四八年には聖武天皇が、それぞれ火葬になったという記録が残されています。

現在のように寺院の境内にお墓が建立されるようになったのは、神護景雲四年（七七〇）の八月に、称徳天皇を大和の西大寺の東北に葬ったのが最初であるといわれますから、今から千二百年くらい昔のことです。

また、奈良時代の律令の『喪葬令』には、墓誌を建立し、官位・姓名を記すように定められていました。以前、『古事記』の作成に参加していた太安安麻呂《おおのやすまろ》の墓誌が出土して話題になっていたので、ご記憶の方もいると思います。ただし、官位に関係のない一般庶民大衆はこのかぎりではありませんでした。庶民が石碑や石塔などのお墓をたてるようになったのは、江戸時代も半ばを過ぎてからです。

平安時代に入ると、寺院や供養塔が盛んに建立されはじめます。それは、寺院や塔をたてれば故人の成仏が促進されるという造塔供養の信仰にもとづいたものです。これらの塔の種類を挙げますと、層塔、宝塔、五輪塔、宝篋印塔《ほうきょういんとう》などです。

供養のために建立されていた石塔は、鎌倉時代に入ると、ますます墓標化していきました。武家階級の間で、形態も簡略化された石造の塔婆（板碑）の建立が盛んになります。この板碑は棒型塔婆の変型である杓子塔婆が石造化したもので、その後、長く続きました。

江戸時代に入ると、徳川幕府はキリスト教を禁圧するために仏教を国教化し、檀家制度を確立しました。一般庶民は百姓、町人にいたるまで、いずれかの宗旨の寺院の檀徒となり、自分の檀那寺からキリシタンでないことの証明を受けなければなりませんでした。

これを宗門改めといい、住民の人口調査のための人別改めと合体した宗門人別帳には、一家全員、一人ひとりが所属している寺院を明記させられました。

そのため、お墓のない寒村僻地に次々とお寺が設けられました。

こうして、墓と寺は密接不離な関係をもつようになっていきます。

近世以降、個人意識のめざめとともに、石塔の宗教性はしだいに薄れ、個人の名と存在を永久に伝えようとする記念性が強くなっていきます。石塔は石碑になって戒名や俗名を書くのに都合のよい角柱型になり、それに台石を加えた角柱型石碑が広く普及します。

そして明治になり、この石碑化への傾向にますます拍車がかかって現代に及んでいるのです。

ここで私たちは、お墓のもっている本来の宗教性について、もう一度原点に立ちかえって考え直してみる時期にきているのだと思います。

石塔と石碑

一般に石碑と石塔を混同している人をよく見かけますが、石碑と石塔は違います。石碑とは、読んで字のごとく石で作られた碑で、記念碑のことです。文学碑や句碑、偉い人の顕彰碑など、目印し的意味のみをもち、そこになんら宗教的意義はありません。したがって墓地に石碑をたてることは、故人の業績を心に記念する意味は含まれていても、信仰の対象として適当ではなく、なんの徳もありません。目印し的標識ならば、なにも高価な石でなくてもよいと思われるのですが、こうした人に限って、馬鹿でかい石碑をたてたがるものです。

本来、石には石の徳があり、土には土の徳があります。石卒塔婆や五輪石塔は、それ自体が礼拝の対象となる宗教的シンボルです。ですから、よく見られますが、板碑や五輪塔には死者の名前や戒名を刻んでいないものがあります。石塔は仏そのものであって、仏には個性がないからです。ただそれではなんのために作ったものかがわからないというので、両端に小さく建立の動機となった死者の名や命日が書かれているのです。

日本人の庶民信仰では、元来、祖霊とホトケは同一のものでした。ホトケとは仏教的には仏菩薩であり、阿弥陀如来や大日如来に帰一することを意味します。それが、死者の荒霊は先祖代々の一員として祖霊に融合する、という庶民信仰と結合して、ホトケになることは祖霊になることと信じられてきたのです。

ですから、石塔の上に梵字で「𑖮𑖿𑖨𑖱𑖾」（キリーク）とか「𑖀」（ア）という、阿弥陀如来とか大日如来のシンボルを書き、その下に「〇〇家先祖代々」と書く墓石が生まれました。これは角柱型の石碑ではあっても、立派に石塔というこ

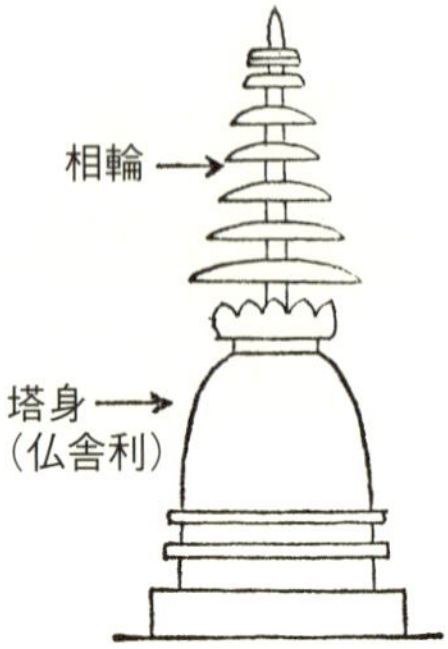

相輪式塔

ストウパ

とができます。同じように「南無阿弥陀仏」や禅宗の円相を彫ったり、地蔵様や観音様のお姿を彫ったものも石塔といえます。

けれども、そうはいっても、これにお詣りし、供養をしなければ、たんなる石のかけらにすぎません。その意味で、墓石はあくまでも信仰心から発するものでなければなりません。

卒塔婆（卒都婆・卒堵婆）の語源は梵語の「ストウパ」の音訳であり、インドでは「高大な塚」を意味します。大きな土饅頭《まんじゅう》の頂上に傘型の相輪をたて、仏舎利（お釈迦様の骨）を埋葬し、奉安した墳墓をさします。この傘型の相輪は、インドや西方アジアでは尊者の頭上に大形の日傘を捧げて尊敬の念をあらわした名残であり、その数が多いほど尊者の徳も高いといわれていましたので、後には土饅頭がだんだん小さくなって、今日、中国や日本で見られる相輪式の塔に変化したのです。

このように、石塔と石碑は根本的に意味が違っており、石塔は形そのものに徳があり、ありがたいものなのです。現在では、石屋さんでさえも墓標と石塔と石碑の区別をつけないで考えている時代ですから、世間の人がごっちゃにしておられても無理はないかもしれませんが、この違いをはっきり知っていただきたいものです。

■先祖供養とは何か

葬式とか先祖供養は、人の死をいたみ、その霊魂を救済しようとする宗教的感情の発露です。それは、生者と死者のケジメをつけたいという心情の発露であり、俗なるものから聖なるものへと昇華する通過儀礼の一種です。そこにはあくまでも、人間の霊魂の実在を信ずるという信仰が前提になっています。

霊魂は、感性（五官）によっても認識することはできません。ただ、私たちは肉親などの死に直面した時に、その死後の霊魂の存在を実感・直感として信ずるだけです。

一般に人間は、横の社会的広がりをもった空間的存在であるとともに、縦の時間的な過去から現在、さらに未来へと続く歴史的存在であるといわれます。私たちが今ここに存在することができるのは、私たちの両親の存在、またその上の両親の存在、またさらにその上の両親の存在……そしてさらには、想像もつかない遥か遠くの先祖の存在があるからだ——こうしたことを考える時、私たちは生物学的・遺伝学的解釈では解決できない、ある不思議な感情にうたれます。これは、祖先の霊魂との共存感覚とでもいうべきものだと思います。「歴史とは過去と現実との対話である」とすれば、「霊魂とは死者と生者との対話のなかにのみ存在する」のです。これこそが、私たちが歴史的存在であるということの意味だと思います。

ですから、私たちがお墓を営んだり、先祖供養を必要とするのは、私たちが仏壇とともに生活し、過去の祖先の霊とともに生きている歴史的存在であるからだともいえましょう。霊は常にまつるものの所に降臨するものであり、それは墓でも、仏壇でも、あるいは霊の行く先と信じられた霊場でもよいわけです。しかし、霊魂との共存を信じられない人の作ったお墓は、いかに大きな墓石をたてようとも、それはお骨の収蔵庫にすぎません。それに対して霊魂との共存を信ずるものは、槇の枝一本、樒《しきみ》の枝一本、木の卒塔婆一本をたてても、それは立派なお墓です。

もともと私たち日本人は、死者の肉体を捨てて、その霊魂と共存することを信仰の目的としてきました。そして供養とは、この霊が安らかに鎮まり、清められて、死後の苦しみから救われ、浄土に往生したり、祖霊になって神に近づくためのものだと考えていました。それゆえにこそモガリをしたり、常磐木《ひもろぎ》をたてたり、祝詞《のりと》をあげたりしたのです。そして、この古代の民俗の心は、新しく入ってきた仏教と融合することによって、さまざまな仏教的供養を生み出しました。

仏教的供養とは、死者の罪滅ぼしのために善根（宗教的善行）を積むことであり、これを作善といっています。人間は過去や現世の深い罪業を背負っており、人生の不幸も死も、その罪の報いと受け取る罪業観から出発しています。

善根とは悲田（無縁仏の供養）、敬田（仏・法・僧の三法に帰依し、先祖供養すること）、療病（心身の病の治療活動）、施薬（病人に薬を与えること）などです。そのための方法が布施であり、人間としての正しい道を他人に示し導く法施、自らすすんで他人に勤労奉仕する力施、金銭をもって社会につくす財施の三つが挙げられます。

死者の滅罪のために善根を行うことが追善です。本来、作善（善行を行うこと）は生前に果たしておくべきものですが、それを遺された家族が、故人に代わって行うのです。

読経や写経をしたり、供養塔をたてたり、仏像を作ったり、またいろいろな仏事を営むことももちろん作善ですが、罪とは社会に迷惑をかける行為のことですから、罪滅ぼしには何か社会のためになることをして、その罪をあがなわなければなりません。ですから昔は、遺族は貧しい人に施しをしたり、旅人に食物や「善根宿」を与えたり、追善のために道路や橋を作ったりしました。葬式の時に会葬者に配る「粗供養」も、そうした施しが変化したものです。

庶民の間でお墓に石塔をたてることが盛んになったのは、仏教が庶民の間に浸透した鎌倉時代からですが、それはいろいろな経典に造塔の功徳が説かれたからです。

たとえば「仏説造塔延命功徳経」には、次のように説明されています。

ある時ペルシャ王が「占い師にあと七日で寿命が尽きるといわれ、そのために苦しんでいます。どうかお救いください」と、仏様にお願いしました。仏様は「心配することはない。殺生をやめて、塔を作って供養しなさい。塔をたてる功徳は、如来様もこれを称讃されているところです。その由来は、昔、牛飼いの少年が占い師に七日後に死ぬといわれたが、その少年は他の子供たちと砂遊びに興じ、砂の塔を作ったところ、その功徳によって寿命を七年延ばすことができた。だから、お前も至誠心をもって塔をたてなさい。その功徳は計り知れないものがある」と申されました。そこで王は、菩提心をもって聖地に塔をたて、他人にも塔の功徳を説いたところ、長寿を保つことができたといいます。

このように仏教の普及とともに、いろいろな仏教的行事（仏事）が盛んになります。

近親者が死亡した場合、遺族がある期間、喪に服する忌服《きふく》は、仏教では中陰といい、大切な仏事になっています。中陰は中有《う》ともいい、前世で死亡した後、次に生まれかわる場所がまだ決まっていない期間のことです。極善と極悪のものにはこの期間がありませんが、中善・中悪のふつうの人間は、次に生まれるべき場所が決まるまで中有にさまよっています。そこで、この間、七日ごとに仏事を行い、死者に読経や線香をあげ、冥福を祈って、よい場所に生まれてくることを願ったのです。

四十九日は、七七日、尽七日、満中陰ともいい、中陰が終わる最後の日で、盛大な仏事が行われます。

この仏事は、遺族が一定の期間、喪屋に忌みごもりをするモガリと深いかかわりをもっており、通夜とか喪服はその名残だといわれます。また、四十九日に四十九個の餅を死者の家の屋根越しに投げる風習も、餅に死霊のケガレをうつして祓《はら》い清めるためであり、これで死霊は「屋根棟を離れる」とされたのです。今では、この餅をお墓へ供えたり、お寺へ届けたりして「仕上げ」だと思っている人も多いようですが、本来は「しあげ」ではなく「ひあけ」(忌明け)で、「ひ」は荒霊ケガレの意味です。したがって、この四十九日は第一次のケガレ浄化の日と考えたほうがよいと思われます。

この第一次浄化によっても、霊はそのケガレとタタリが完全にとれたわけではありません。両墓制の場合は、この段階で、荒霊は「埋め墓」の死体のケガレを離れたことを意味し、「詣り墓」でまつられます。これ以後はもっぱら、読経や写経などによる精神的・宗教的な浄化が行われますが、お墓に水をかけたり、線香をあげたり、燈明をともしたりする、水と火による原始的・呪術的浄化もそのまま続けられます。

四十九日までに鎮魂や十分な浄化の供養を受けられなかった霊魂は、墓にも霊場にも鎮まらず、「餓鬼」になっていつまでも屋根の上を浮遊していると恐れられました。また、四十九日のすまない死霊一般も餓鬼とされ、最初の盂蘭《うら》盆《ぼん》では、新仏《にいぼとけ》、新精霊《あらそんじょ》とよばれて、室内ではなく屋外の餓鬼棚でまつられます。

中陰の仏事（七日ごとに七回の法要）に、百か日、一周忌、三周忌の法要が加わって十仏事といわれます。本来の仏教にはなく中国で作られた『十王経』の影響ですが、一周忌は霊魂の第二次浄化であり、三周忌は第三次浄化と考えることができます。

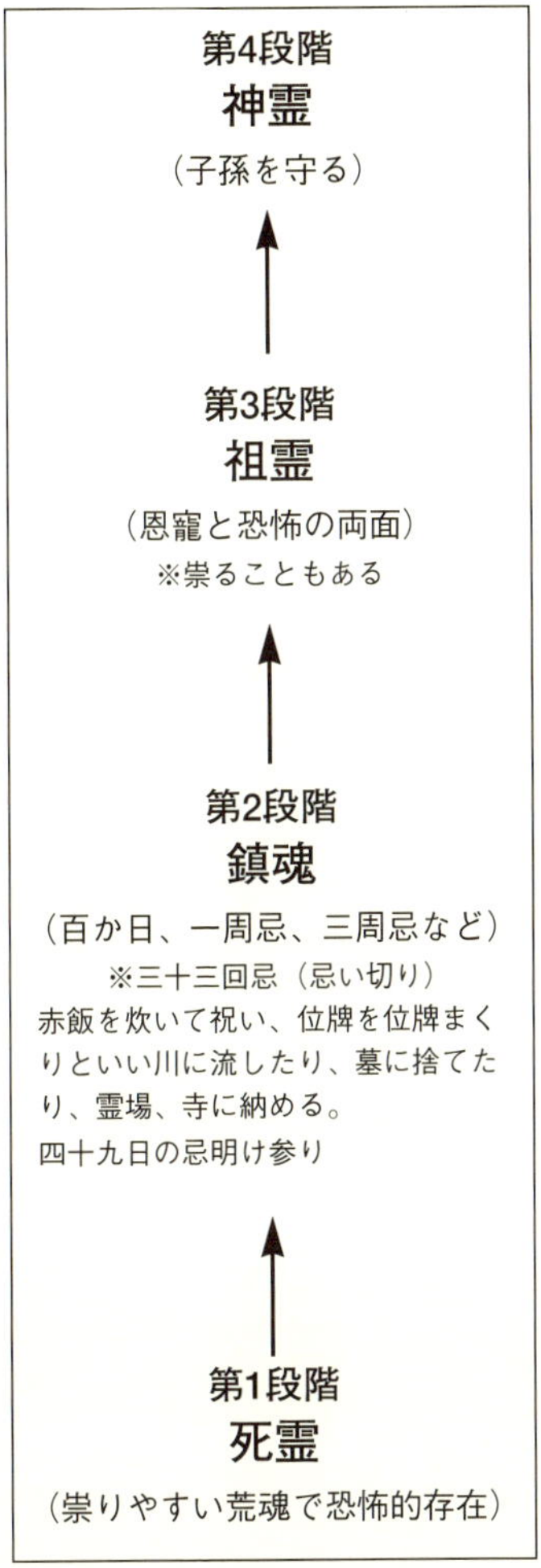

これは、風葬の場合、死体が浄化されて白骨化する時期と重なります。事実、古代文献によるとモガリ（風葬）の期間は二年間が多くて、ちょうど三周忌にあたります。これで死体の完全な処理風化が終われば死霊は祖霊となり、あとは祖霊だけのまつりとなります。これが先祖祭です。

この段階になると、実際には先祖供養は、お墓と仏教を離れて祭となったと思われますが、その後、仏教が庶民の間に浸透し、寺が葬式に介入するようになるとともに、さらに七回忌、十三回忌、三十三回忌まで仏教で供養するようになります。これが十三仏事です。

先祖祭では祖霊はすでに神になっており、生きていた時の個性は失われて先祖神一般のなかに融合され、同族が結合する中心としてまつられます。

■墓は相続の源――お墓と家

これまで先祖供養とはどういうことかについて述べてきましたが、ここでは先祖供養（墓）と家とについて考えてみたいと思います。

先祖供養やお墓は「家」あってはじめて成り立つことは自明ですが、この場合の「家」とは、建物としての「家」でも、たんに家庭や家族を意味する「家」でもなく、各世代を貫いて過去から連なってきた一つの系譜体としての「家」のことです。

私たちは誰しも自分の家の存続を願い、子孫の繁栄を念じています。同じように、私たちの先祖も私たち子孫のために、それを念願してくれたにちがいありません。ですから、私たちが創設以来現在まで、家をもち伝えてきた先祖に対して限りない崇敬の念をささげるのは、極めて当然のことです。私たち日本人は、先祖とはまつるべきもの、自分の家でまつらなければどこも他ではまつるもののない霊として、常に家にともなうものであると考えてきました。そして、先祖のまつりを絶やさぬことこそが家を存続させるうえでの基本的な条件だ、と信じてきたのです。ですから、家督相続をどうするかは、家の存続にとって極めて大切なことでした。

中世以来、わが国の家族制度は長子家督相続を認めてきました。家を強くすることとは、長子＝総領の力を大きくすることで、次男以下には、長男とは比べものにならないほどの相続権しか与えられませんでした。家の強弱はもっぱら、その家の所有している農産物＝田畑の多寡で決まりました。昔は田地が限られており、その限られた土地を分割相続していては、それぞれの家が栄養不足となり、立ちいかなくなるからです。愚者をタワケというのは、その者に田を分けることが愚かなことだから、という説もあるくらいです。

ですから、家督を分けてもらい分家することは容易ではなく、よほどの好条件に恵まれなければ無理でした。しかし、なかには、自分の力で稼いで一家をなす者もいましたが、それは別本家として、家督を分けてもらった分家とは区別しました。そして、この家督を自ら稼いで作り、家の初代になることを「先祖になる」といっていました。

こうした「自ら先祖になる」という心がけは、子孫をして先祖に対するやさしい、ねんごろな態度を生み、先祖供養となるのです。そして、子孫を死後にも守護したい、家が永遠に存続できるように計画したいという先祖の思いが、家督相続制度には込められているのです。

家督というと、家についている田畑や家屋などの不動産のことだと理解している人もいますが、家督とは、精神的なもの、無形なものを含めたもう少し広い意味をもっています。

ここで家督相続を整理しておくと、その内容は次の四つになります。

①家名相続（苗字や屋号）
②人間相続（顔や性格など遺伝的なもの）
③家産相続（動産・不動産などの財産）
④祭祀相続（先祖まつり）

このように、家督を相続した者のみが祭祀権をもっているのです。ですから昔は、先祖をまつるといっても、誰でも勝手にまつれるものではありませんでした。分家した場合、初代の人の親の位牌だけは、分家でもまつってよいとされましたが、それ以前の先祖は、たとえ名前がわかっていてもまつることはしませんでした。先祖のまつりは子孫の義務というだけでなく、正統嫡流の主人夫婦だけがもつ権利でもあったわけです。葬式の時、親の位牌をもつものが正統相続人として先祖祭祀の権利をもっているのです。

明治になってからは、そのことは民法でも保障されることになります。家は、社会を作り上げるうえでの基本の単位であり、社会秩序を保つために必要なものですから、個人の自由意志で左右できないものであり、また永続すべきものであるという考えのうえに立って、明治三十一年に施行された民法では次のように規定しています。

（第九百八十六条）家督相続人ハ相続開始ノ時ヨリ前戸主ノ有セシ権利義務ヲ承継ス　但前戸主ノ一身ニ専属セルモノハ此限ニ在ラス
（第九百八十七条）系譜、祭具及ヒ墳墓ノ所有権ハ家督相続ノ特権ニ属ス
このように、祖先祭祀こそ家の命脈を維持するための絶対の条件だとされてきたのです。戦後、この民法が廃止され、信教の自由を保障する新民法になりましたが、ここでも次のように規定しています。
（第八百九十六条）相続人は相続開始の時から、被相続人の財産に属した一切の権利義務を承継する。但し、被相続人の一身に専属したものは、この限りでない。
（第八百九十七条）系譜、祭具及び墳墓の所有権は、前条の規定にかかわらず、慣習に従って祖先の祭祀を主宰すべきものがこれを継承する。但し、被相続人の指定に従って祖先の祭祀を主宰すべき者があるときは、その者が、これを継承する。
前項本文の場合において慣習が明らかでないときは、前項の権利を承継すべき者は、家庭裁判所が、これを定める。
このように、新民法でも祭祀の相続の重要性を考えて、わざわざ規定してい

るのです。つまり、祭祀と相続とは〝一体不二〟のものであり、「墓は家の相続の源」です。奈良朝の昔、淳仁天皇は、その詔勅で「子は祖を以て尊しとなし、祖は子を以てまた尊しとなす」と述べられていますが、祭祀と相続が一体不二であることを教えられたものといえましょう。

先祖を無視した子孫に相続はありません。相続をともなわないお墓は、枯木も同然であって、そこには子孫のよい芽も育ちません。

けれども遺族たちは、ともすれば財産の相続権についてはたいへん関心がありますが、お墓の祭祀や仏壇の所属については、義務をともなうため求めようとはしません。けれども、この祭祀の相続こそがほんとうの相続であり、その家の発展の〝根〟も、ここに潜んでいることを知らねばなりません。

近頃、お墓をめぐって親戚、兄弟などで醜い争いが繰り広げられることが多いのは、この相続の根本が忘れられているからです。

墓相とは何か――お墓は家の鏡 ■

私たちは、ふだんよく「運が向いてきた」とか「ツキがある」とかいいます。

では、この「運」とか「ツキ」とは、いったいなんでしょうか。まだ、この問題を科学的に解明した人はいません。

とくに麻雀や競馬など勝負事に「ツキ」はつきものです。たとえば、麻雀では、確率計算とか自分の肉体的・精神的状態、あるいは対戦相手の心理などが勝負に影響することは事実ですが、それ以外に、その日の「ツキ」というものが大きく勝負に作用することは、ちょっとでもおやりになった人なら否定できないと思います。とても通らないと思われるパイがすいすいと通ったり、とうてい不可能だと思われるパイをつもってきたり、確率計算とか上手下手の伎倆などでは理解できない不思議な現象に出会った時、私たちは「ツキ」があるといいます。このように「ツキ」というのは、決して目で見ることも、手で触ることもできませんが「ある」ことだけは確かです。

ただ「ツキ」とは客観的・科学的にその存在が証明されるという性質のものではなく、むしろ、体験とか直感によって自分がそれを信ずるか信じないかによって決まってくるもののようです。

先に「霊魂は存在するか」を考えた時に「霊魂は死者と対話をしようとする者にとってのみ、共存感覚として存在する」といいましたが「運」とか「ツキ」

も「運」を信じ「ツキ」を呼ぼうとする（あるいは反対に「ツキ」がないと感じる）時にのみ、存在感としてあるのだと思います。

「運」とか「ツキ」というのは、客観的にどこにでも存在するというものではなく、自分とのかかわりのなかで、存在感として生まれてくるものです。開運といい、幸運を呼ぶといっても、まず自分が、そのためにかかわっていくのだという主体的な働きが前提なのです。

一般に、科学的根拠のないことを信じることを迷信だと思っているようですが、これは明らかに誤解です。科学的に証明できないことは、まだまだ世のなかにはいっぱいあります。たとえば、神や仏、あるいは霊魂などの実在は科学的には証明されていません。けれども、だからといって、仏教徒や宗教者を迷信の徒だと決めつけるのは、行き過ぎというより、人間そのものに無知であるといわなければなりません。

ただ、科学的に根拠のないことを信ずることが社会に害悪を流す場合、それは迷信です。

ふつう病院には、四号室とか九号室はありません。これは四とか九が、死とか苦を病人に連想させるからにすぎませんが、だからといって、これをいちがいに迷信などと嘲笑することはできません。なぜなら、もしそのような番号の部屋に入れられたとしたら、病人はそれが気になって、病気を治そうという気力を失うかもしれません。ですから、四、九を忌み嫌ったからといって、社会に害悪を与えるわけではないので迷信ではありません。

このように、科学的根拠がなく、客観的にそれが証明されないからといって、それを信ずることを単純に迷信だと決めつけてはいけません。

ところで、墓相とはなんでしょうか。

森羅万象、すべて形あるものは相をもっているといわれます。相とは形のことで、家には家の形、すなわち家相があり、人には人の形、人相があり、手には手の形、手相があるように、墓には墓の形、すなわち墓相があります。

それでは形と相とは同じことかといえば、私はそれは少し違うと思います。形そのものには美醜しかありませんが、相といった場合には、さらに善悪の価値判断が含まれてくるからです。

形に美しい形と醜い形があるように、相にも、よい相と悪い相があります。ですから、形あるものを作る時に、彫刻や工芸品などの美術品は美しさを追求すればいいわけですが、お墓などの宗教的シンボルや印鑑などの自分の人格を代表するものを作る時には、たんに美醜だけではなく、その善悪の相まつりの内容をよく見きわめて作るべきだということになります。

では、吉相の墓、凶相の墓とはどんなものなのでしょうか。その具体例は次章以下にゆずりますが、ここでは、第一に墓相は家運と関係が深いということを指摘しておきたいと思います。それは、これまで再三、再四お話ししてきたように、お墓はもともと先祖をおまつりするためのものであり、このおまつりは家の存続をぬきにしてはありえません。その意味で、お墓は先祖から子孫へと存続する家、言葉を換えれば、過去から未来へと続く家運を映し出す鏡なのです。

第二は、古くから伝えられている俗信やしきたりには、それなりの意味があるということです。お墓は人間の最後の安息所であり、霊が安らかに鎮まる霊場であるとともに、先祖供養の場所です。先祖供養のために、私たち日本人はさまざまなことを行ってきました。それは時代に応じて、あるいは社会的地位に応じて、少しずつ変わってきてはいますが、そこの残されたものには必ず意味があります。

墓相学もそうしたものの一つです。墓相学は、昔から民間に伝わる墓についての俗信を易学や陰陽道などの観点から体系化したものです。学問と呼ぶにはその歴史は浅く、墓相学の古典といわれる『墓相小言』も江戸時代の文政年間に刊行されたものです。その後、明治、大正、昭和と、多くの人によって墓相研究が進められましたが、そのなかで特筆すべきは、福田海開祖、中山通幽尊師の説いた「墓は家の根」であるという言葉です。これは、風水学にもとづいた理論であって、現代とても充分に通じるものであり、書店の書棚に見られる墓相に関する書物は、中山通幽尊師のものを引用したものであるといっても過言ではありません。もっとも、その説く理論は、時代の推移、社会の変化に適応できない部分もありますが、けれども私たちは、こうした古くからある俗信や俗説をいちがいには否定できません。なぜなら、その底には庶民の間に語り伝えられてきた生活の知恵が生きているからです。友引には葬式をせず、家の建築には地鎮祭が営まれているのです。大切なことは、伝承されてきた庶民の知恵や知識を新しい時代のなかでどう生かすかということです。

ですから、吉といい凶といっても、以上のことをふまえたうえで、祖先を供養するには何がもっともふさわしいかを選択するのが、ほんとうの意味での墓相学なのです。

第二章　お墓に関するタブー集——こんなお墓はよくない

お墓のない家

先祖と子孫の過去から現在へという絶対的つながりの通り、墓と家も同様のつながりを持っています。先祖のない人はいないところから、墓のない家は死が発生し、必然的に家に対する墓を持たされるようになります。

こういう家は家運の定まらない不安定な家で、子孫と財産が両立しません。各人がバラバラで家の観念が薄く、わずかのことにもすぐ気持ちが動揺し、物事に対処しないで逃げようとし、人に惑わされたり他人に動かされやすい人間となります。いつも中途挫折で、移り気な家運となります。

財産がある場合には、相続運がなくなり、子どもが親より早死にして孫が相続したり、娘に養子を迎えなくてはならなくなります。

さらに、夫婦のどちらか一方が病弱だったり、短命だったりで、時には別居や離婚をするようになります。

家族のなかから精神病者が出やすい、ともいわれています。

また、長男が家を相続すると破産するともいわれます。

墓は先祖まつりと家の根本であり、かつ相続の証しなのです。そのお墓がないということは、家の存続を願っていないといわれてもしかたがありません。はやく墓を作って先祖をおまつりし、子々孫々が代々広がっていくことを念願しなければだめです。

墓地があってもまつりのない墓

俗にいうところの空墓です。死者を待つ墓で、ゲンの悪い墓の代表的なものです。したがって、自分の家族から死者が出るといわれています。

墓地を何のために求めたのでしょうか。財産のつもりで求めたのでしたら論外ですが、墓地はあくまで死者をまつるためのものです。その墓地で先祖のまつりがなく、まつりを待つ空き家になっているということは、死者を待っている墓ということです。まず死者をその墓地に迎えることのないように、早急に先祖をおまつりすることです。たとえ木の卒塔婆一本でも、先祖供養のためにたてなければなりません。

谷間の墓地

決して日だまりの地とはいえないでしょう。

病人が出たり、早死にする人が出るといわれます。谷には何でも流れ込んできます。よいことも悪いことも一度におそってくる家運です。陰気な家で、福の来ない家といわれています。

お墓はとかく陰気なものですが、人間は必ず一度はそこに入るのですから、山陰の谷のような場所は避けたいものです。

道のない墓地

他人の手助けがないと世に出られないことになる家、といえましょう。

他人の墓地を通らないと自分の家の墓に行けないような場合、その家の発展が阻まれ、男が立たなくなったり、事業に行き詰まりをきたします。また逆に通られるほうの家では、人の出入りが多く、厄介者が出ます。

他人の墓地の上を歩くことは、他人を傷つけていることです。他人のプライバシーを犯していては、自分の家のプライバシーも守れません。まして、他家のホトケの上を足で踏みつけていては隣人愛も生まれません。

一日中陽が当たらない墓地

青白い病人を連想しませんか。

一日中太陽が当たらないだけでなく、そのうえ湿地や物陰などにある墓地は、病人、病弱者に縁のある墓です。いつも弱々しく元気のない人が出ます。

石も土も、雨と日光で生きています。神仏は清浄な場所に安息するのです。墓は家の鏡です。祖先の手入れは自分の手入れにつながります。また墓は陰の極みといいます。それでなくても暗いイメージのある墓は、つとめて明るく作ることが大切です。

境界のない墓地

ケジメのないということは他人との財産争い、不動産の境界争い、物品の返還争い、近隣との勢力争いを生じやすく、それが結果的には財産を減らします。

墓地に境界がないと、墓地争いを生じやすくなります。墓は家の相続と深いつながりがありますので、墓地争いを生じやすいということは、相続争いが絶えないということになります。また境界がないので、出入りが自由となり、他家の侵入を受けやすく、墓の主権もなくなります。ですから、いつになっても家運が安定しません。

分散している墓地

墓は家の根ですが、それが何カ所かに分かれていては、落ち着かないのも道理です。施主や長男の住所が不安定で、安住の地が得られません。親に逆らう子どもが出ます。家の中もバラバラでまとまりません。相続人が何人も必要となり、離婚・再婚の人が出ます。女性は墓で苦労します。

変型の墓地

家庭内の均衡を失い、家族の心のバランスが崩れた家になりやすいようです。不安定な形状はつりあいを失い、不安感を与えます。変型の土地に四角い墓石をたてると、どこかが足らず、どこかが余ります。これでは精神が不安定になり、落ち着いて供養もできません。

鉄など金属の柵のある墓地

世間と隔離するということから、他人が訪問しにくい家庭になり、したがって家運も衰退します。また、不具者や精神病者、刑事問題などで世間に秘密を持つ家となり、とかく世間から後ろ指をさされ、うまくいきません。

自分だけの世界を作り、自我の強い人が多いのも、この墓の特徴です。くさいものにふたをし、世間体を気にして格好よく生きようとしたり、女性問題でトラブルが起きやすい家でもあります。

もともと墓を柵で囲ったり、閉じ込めたり風習は、死霊を鎮めるためのものです。埋め墓と詣り墓が一緒になった単墓制のお墓でも、金属の柵をめぐらすことは、四十九日を過ぎてもいつまでも死霊が浄化されないことを意味しますので避けたいところです。私たちは、祖先の霊が少しでも早く成仏し、安らかな眠りにつくことを願って供養するのです。

板石、コンクリート敷の墓地

自然の恵みを絶つということは生命を絶つことにつながり、頼りにしている男子が死亡したり、子供が遠方へ出ていってしまい、三代は続かないとされています。そうでなければ、子どもが病弱だったり、男子が育たない家になります。したがって財産も増えないし、家庭内での出費がかさみます。

墓地に草が生えないようにとコンクリート敷にしたのかもしれませんが、草取りを面倒がると、供養の意味もなくなります。親のために墓をたてる一念、草むしりの姿こそ大切なのです。これこそ、布施の一つの「力施」です。

そのうえ私たちの先祖は、万物の生命の根源は大地にあると考え、死者は大地に帰すのが一番よいと考えてきたのです。その大地を石やコンクリートで密閉しては、土も死んでしまい、浄化作用の力もなくなり、遺体や遺骨が風化して土に帰ることを妨げます。

墓石でいっぱいの墓地

長男が別居するか死亡、またはその土地を離れ移転するようになる長男の立たない家運です。

墓地が墓石でいっぱいということは、このままでは新しい相続の芽の出る余地がない、ということです。こうした場合、次の世代はどこに眠ればよいのでしょうか。このままでは、息が詰まってしまいます。まさに家運の一大転換期だといえましょう。家はこれ以上発展の余地がないのですから、家運も衰微していく一方です。一日も早く墓地を整理して、発展の活力を取り戻す必要があります。

古墓石を埋めた墓

古い墓を改修するのに、どうにも邪魔になりますが捨てることもかなわず、止むなく埋めてしまう墓です。病人が出る墓になります。

墓地は狭くとも未来運を持たせた墓はできるのである。筆者指導による墓。（宮城県）

この小さな墓地から、
19基の旧墓石が出てきた。

三重台石の墓

墓石の重圧にまける家運となります。

見上げるような墓は、一見立派ですが、少しずつ財産が減り、三代続くと移転、変死、けがなどにあい、主人が世間から見下げられる家となります。

他人よりも自分は高く、己の地位を永久に誇示しようとする自我のおごりは、やがて最後には、他人にその地位から引きずり下ろされる運命を招きます。

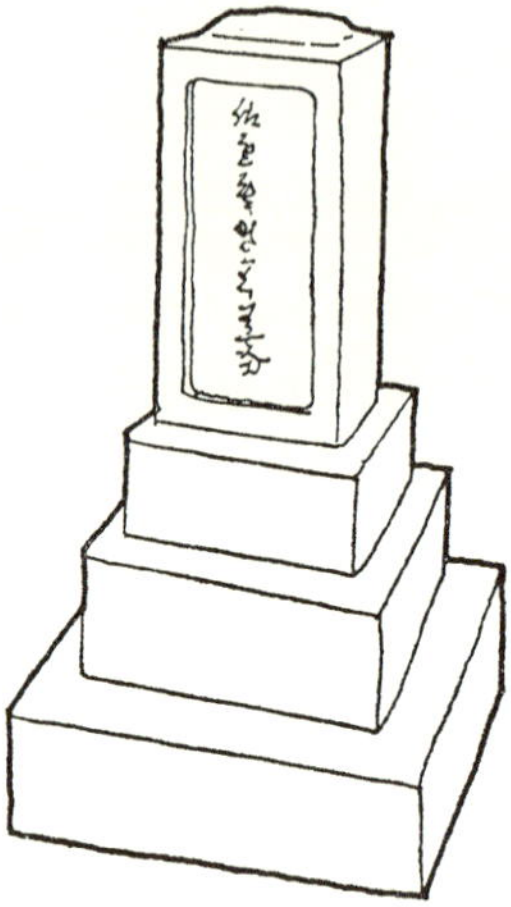

三重台石の墓

現在あるのは、すべて祖先の力です。実力は、ほどほどに温存することがのぞましいのです。自分の力を形であらわそうとしては終わりです。なにごとも腹八分目にしたいものです。

台石が土に埋まっている墓

台石がないのでは、家に基礎がないのと同じで、家の存続が危ぶまれます。金銭、財産、子孫に不安がつきまといます。財産が増えないし、子どもにゆずるべき財産もできません。長患いの病人が出たり、一生アパート暮らしの家運です。

台石が土中に埋まっているということは、ないのと同じです。土葬などで棺が腐り落ちて墓石が埋まっているのは、家が埋まっているのと同じです。この場合、親子の愛情にも問題があるとされています。

台石が自然石の墓

相続者がなく、金銭に困る家運をあらわしています。

自然石は、自分のものになりません。自然は、あくまでも一般民衆のものだからです。古代日本人は、自然石に霊力を感じ、岩磐《いわくら》といって神体として崇拝しました。ですから、一般的に民衆のための記念碑などに使うのはよいでしょうが、それを個人の墓に使用することは避けるべきです。

棹石が自然石の墓

自然石に戒名や俗名を刻んだ墓は、墓相上、たいへんよくないとされています。後家や養子になったり、ひどい時は絶家の憂き目にあいます。病人や精神病者、不具者が出たり、金銭の不足に苦しむともいわれます。

ことに小さな河原石などは、死人が死人をよぶ家になります。

あくまでも、自然石は自分のものではありません。公共性をもっている自然石の霊力をそのまま個人の家の相続墓として持ち込むことは、自然を犯し、また、偉大な自然に押し潰されてしまい、その意味でよくありません。

天災による犠牲者や事故死した人の墓に自然石が多いのは、昔、辻斬りにあった人とか、行き倒れの人とか、変死人のあった場合、仮り埋葬して、その怨霊が出ないように、手近かにあってタダなので大きな自然石をのせた名残です。そのために非業の死を連想させたり、祭祀する子孫が絶えている無縁仏の墓を連想させるので、自然石の墓は不吉とされています。

奇形、変形の墓

養子になったり、直系の絶える家となります。父親が早死にして幼年相続す

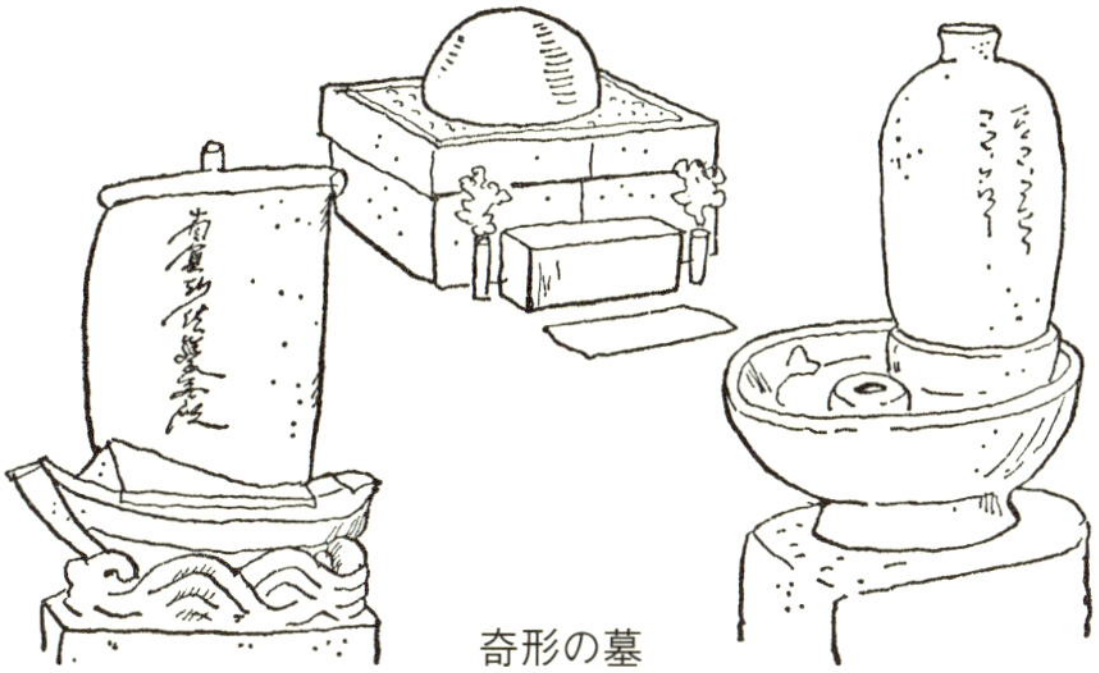

奇形の墓

ることが多いといわれています。また、高慢な人がいる家でもあります。

どんなにデザインがよくても、自分の趣味が墓になってしまっては、先祖のまつりなど、どこかへ吹き飛んでしまいます。墓石の美しさは、鑑賞のための美ではなく、先祖供養と一体になった美ですから、あくまでも宗教的シンボルとしての美しさをもたなければなりません。

第一、子孫が同じ趣味を相続できるのでしょうか。あくまでも墓石は、記念碑でもなく観賞用でもないのです。

ごく最近目にしたことです。ある公営の霊園に真新しい卵塔がたちました。いわずとしれたお坊さんの墓石ですが、何と一般の俗家がこれをたてたのです。それとなく、その話をされていた方に聞くと、小学生が交通事故で亡くなり、建墓について、たくさんの石屋さんが日夜をついで営業に来たそうです。そのなかの一軒の石屋さんが、お宅は因縁の深い家だから供養の意味でこの石塔をたてなさいといわれてたてたということでした。

激安流通商品と化した墓石をお客さんに買ってもらうためには手段を選ばないということでしょうが、これから何十年とこの墓石を参り続けるその家はどうなるでしょうか。いわずとしれた、お坊さんの墓が必要とされるのは寺です。その家が寺の家運を持つこととなったらどうでしょうか。寺は一口に言って死者の集まる所なのです。

現代は二通りの石屋がいます。のれんを守り、昔ながらの商売を続ける石屋と、バブルで失敗したさまざまな業種の人が、激安量販で口先だけで売っていく石屋と。そうしたことから墓石も流通商品となってしまい、墓石の何たるかが意識されない時代なのです。たてる本人が充分に気をつけることです。

墓石が割れている墓

けが人や大手術を受ける人が出るとか、主人が放蕩で財産を失ったり、大損失を受ける事態が起こります。

墓石の補修ができないようでは、危険信号を墓に見る思いがします。墓は家の鏡です。また、石にも心があります。傷があれば心が痛みます。お墓の補修も供養の一つです。

土中に墓石が埋まっている

土中に埋まっている墓石は、たいてい無縁仏ですが、こうした場合、いろいろと不幸をもたらしがちです。

とくに、この墓石を建物の土台に使うと、施主か、または可愛がっている子どもが死んだり、刑事事件が起きたりします。家庭内にゴタゴタが起き、変死、急死、狂死などが出て、不具者、精神病者、長患いの病人など陰惨極まりない家となります。よく田舎のお寺などでも、古い墓石を土台に使っているのを見かけますが、たとえ寺であってもお定まりのコースをたどります。

無縁仏といっても、かつてはその土地のご先祖である功労者が多いものです。いわば、その土地の恩人です。その恩人を無縁墓として土中に埋めているのですから、こんな墓石のある土地の責任者には、もめごとが多いのも不思議ではないでしょう。

一つの台石に二つ以上の棹石

軽い不具者が出たり、または、主人以外の人間がその家を支配するようになります。

墓と相続は、切っても切れない関係にあります。ですから、こんな場合は必ずふたりの権利者が出て、双方が争うことになります。

世代の確立がなく、次の代はどこにのせてまつるつもりなのでしょう。行き詰まっては終わりです。双方将棋倒しにならぬように気をつけたいものです。

文字の刻み方のタブー ■

俗名の墓

三代で絶家となります。男子相続ができないし、孫の代には男子が育たないので養子を迎えることになるのです。ただ、女子が生まれて財産がなくなれば、相続は続きます。

墓は浄土です。俗名のままでは永遠に成仏できない人の墓です。死ねば、仏界に入って成仏し、肉体は土に滅して永遠の彼岸に生きるというのが「往生」

です。死んでひとたび埋葬されれば、俗名の身体はこの世にはなくなるのだから、生存中の俗名では仏界に入ることができず、成仏できないというのが仏教の教えです。

正面に何々家と刻んだ墓

親子の関係に不安のある墓相です。財産があれば養子相続となり、なければ家は絶えてしまいます。墓が大きければ大きいほど、無縁となる可能性は大です。親子が同居できない家運です。

お墓は、先祖の霊が安らかに眠る住まいです。住まいには表札があるように、お墓も一つひとつに故人の戒名をつけられるのが当然です。何々家の墓というだけでは、どこの誰の墓なのかわからず、ほんとうの供養になりません。何代もの先祖を一カ所にまとめてまつる合祀は、ふつう五輪塔や宝篋《きょう》印塔、多宝塔などの供養塔がよいのです。

夫の戒名が左、妻のが右にある墓

女性が支配する家運です。後家となったり、嬶《かかあ》天下になり、女子は強情者になります。女系家族となる典型的な墓相です。

向かって右が上座、左が下座です。いくら男女同権の世の中だからといって、きちんとケジメだけはつけないといけません。婦唱夫随では、いつまでたっても男は世に出られません。

二組以上の夫婦の戒名を彫った墓

一つの棹石に二組以上の夫婦の戒名が刻まれている場合、長男は早死にするか、別居になり二、三男が相続するか、養子相続になります。

かまわず正面、横、後ろに多数の戒名が彫ってある場合、男女問題を起こす家になります。

これはまさに石の過去帳です。生きている私たちだって、これでは息もつけなくて生活できません。一族が雑居していて、あの世も騒がしく、それぞれが独立したがっているようです。早くケジメをつけてあげる必要があります。

一度に多数の霊をそれぞれまつることは、子孫の責任が重すぎます。一度に片付けようとするから無理がきて逃げ出したくなるのです。そして、因縁の重圧に苦しむのです。ですから、多数の祖霊をまつるには、供養塔をたてて合祀することがよいのです。

一つの棹石に先妻、後妻の戒名のある墓

同じような世代の夫婦が出たり、夫婦の縁が定まりにくい家で、父が早死にして幼年相続したり、または次の代が後妻になります。

一方をたてれば残る一方がたたず、いくら供養してもそれが通じません。相続がきちんと確立していないので、後でもめごとを起こします。

その他のタブー■

夫婦別々の墓

夫婦がそろって長く生活ができない墓相です。後家になったり、相続人で苦労します。

一見、近代的個人主義が確立しているようで近頃の若い人はいいと思うかもしれませんが、墓は家の源です。家は夫婦を単位として始まります。したがって、夫婦は同じ墓石にまつられるべきです。偕老同穴という言葉もあるのです。昔、貴族や武士は側室制で、お墓も別々に作っていましたので、その名残といわれ、結婚にトラブルが生じる家が多いとされています。

たて方の乱れている墓

家のなかにもめごとが多いのが、こうした配列の乱れている墓を持つ家です。たとえば親に逆らう子どもが出たり、娘が未婚のままで終わるとか、後家になる、嗅天下になるとか、離婚するなど、そして精神病、このままでは家のなかに何かが起きます。

いろいろな因縁の重圧に押し潰されているからです。誰の墓かわからないなどというのは、先祖供養をしていないからです。これでは、墓はあってもなきにひとしいではありませんか。家族のそれぞれが寄る辺なく、自分勝手で、家のなかがバラバラになる家運です。

建墓の資金を他人に出してもらう

親をまつることさえできない、みじめな一生を送ることになります。

まず、お墓は正しくまつることが第一です。木碑でもよいから、きちっとしたまつり方をすることが大切です。人にたててもらった墓は、永久の借金です。相続の徳を得ることができません。御仏前の包みのもらいっぱなしは、いつまでも金利がかかります。施し主の相手の徳も失うことになります。

生前に自分の墓をたてる

子どもが無能力になります。子どもがいても当てになりません。ただし、夫婦のどちらか一方が亡くなっている時は別です。生存中に死後の法要をすれば、七倍の功徳があるとされています。死んだ自分の伴侶とともに墓石に戒名を刻み、朱墨を入れておくと長生きするといわれています。自分が死んで埋葬される時、その朱を消します。

けれども、本来、親のお墓は子どもがたてるのがスジです。また、自分で自分の葬式供養ができるはずもなく、子どもがたててくれるかどうかわからないから自分でたてておくというのは、どんなものでしょうか。一見親の愛のように見えますが、いずれは、子に先立っていかなければならないその時、その子は自立しなければならないのです。自分の子どもを信用しない親は、逆に子どもの領域まで侵すことになります。もっと未来を信じ、子どもを信じたいものです。我が家の繁栄と永続のためには宿題を残すことです。

他人の土地に侵入している墓

侵入した相手の家と同じような家運を持った家になります。ということは、相手から逆に自分も侵入されるということです。これこそ、犯し、犯される、まさに天に向かって唾するということです。

他人の土地に入るということは、その他家の因縁をも相続するということです。他人の土地では、先祖は隅に小さくなっていなければなりません。小さな我欲はさっぱりと捨てることです。

十年ほど前のことですが、千葉県にあった事例です。仮りに佐藤さんとしますが、長女（当時中学生）が突然拒食症にかかり入院、点滴の毎日ということで、ご両親が相談に来られました。いろいろと話を伺ううちに、隣が墓を直した時に、いつの間にか自家の墓地へ大きく食い込んできていて、自家の墓の墓石は片隅に移動され、加えて入口までも閉がれ、このことで今、裁判をしているとのことでした。

住居と墓地が離れていて、どうしても墓参りが年に数回ということから、気づかぬうちに勝手にやられてしまったということです。

が、私は、即座に裁判を止めて、墓を住居の近くに移すことをすすめました。お二人とも自分に非はないのにと、さすがにご不満のようすでしたが、知らぬ間に先祖の墓を片隅に押しやられてしまったということに、ご先祖が怒らないはずはありません。むしろその怒りは、普段の先祖まつりができていない、お二人に向けられるのですよと話し、墓の移動は実行されました。

数カ月後、お二人が来られ、何と娘は元気になり、さらに、墓を犯して来た家のご主人が拒食症になり、加えて頭がおかしくなったとのことで、物言わぬ先祖が常に自分たちにかかわっているのだと深く述懐されていました。

本家・分家が同一墓地

両家の盛衰がこもごもやってきて、片方が隆盛になると他方が衰え、やがては共倒れになります。両家とも仲良くできず、家のなかは厄介事が絶えなくなります。

兄弟でも、三代目になるとわけがわからなくなり、どちらが墓のまつりをするのか、さきざき争いを生じやすいものです。まして、他人を同墓地内に入れるなどは論外で、たとえそれが親切で行ったことでも、かえって仇になります。くれぐれも注意することが肝心です。

兄弟や親戚が同一墓地

相続者としての座がなくなり、自分の意志では何もできない家になります。どうしても兄弟や親戚のなかの地位のある者、金のある者がリーダーシップを取るようになり、誰が親の位牌もちをしたのか、祭祀の相続責任者があいまいになってきます。どんなに貧しくとも、相続者はあくまで相続者です。そのケジメを乱してはいけません。

本家の墓を分家がたてる

分家の事業は失敗し、財産を減らすことになります。
たとえ、それが親切心から出たものであっても、明らかに祭祀権の侵害です。あくまでもお墓のまつりに関しては、兄は兄、弟は弟です。分家が繁栄していても、やがては争うようになります。これでは、かえって相続人が困ることになります。

嫁に行った娘の墓を生家がたてる

将来、その家の娘が出戻りになったり、行かず後家になり、女の厄介者を抱えることになります。子が親に反抗するようになります。

たとえその家に生まれても、他家へ嫁に行ったらよその人です。その人を供養するのはよいのですが、墓石にすれば、婚家を離れて一個の人格を独立させることになります。親の盲愛が、その子孫に犠牲を残すということになるのですから、こんな割に合わないことはありません。

本家の墓所に分家の子どもをまつる

本家には厄介事が絶えなくなり、分家もいつになっても本家のお荷物で独立ができません。

分家は、本家のスネをかじって伸びる宿り木です。親木である本家は、分家の生活を永久にみるつもりで、分家の子どもの墓を許したのでしょうか。祭祀とは厳しいものです。簡単に考えて、後々に悔いを残さないことです。

庭に石塔がある家

常に病人が絶えず、不具者が出たり、主人が病弱となります。

格好がいいからとか、風情があるといって石塔や野仏などを自分の家の庭に置くことは、俗家が寺の運命を持つことになります。五輪塔などの石塔は信仰の対象物ですので、過去の供養の残存念力＝霊力を持っています。こうした野仏や石塔は、一種の無縁仏ですから、これを庭に放置しておいてはいけません。墓石は決して観賞物ではないのです。

傾く墓、動く墓

金銭、財産の心配が絶えません。

天地をまっすぐに貫くべき生命がぐらついていては、生けるもののよりどころにはなりません。墓は家の根です。その根がぐらついているのです。

墓の前に遮蔽物がある

何をかいわんやです。何をやっても思うようにならない家運です。いってみれば、主人がなかなか世に出られない墓相です。

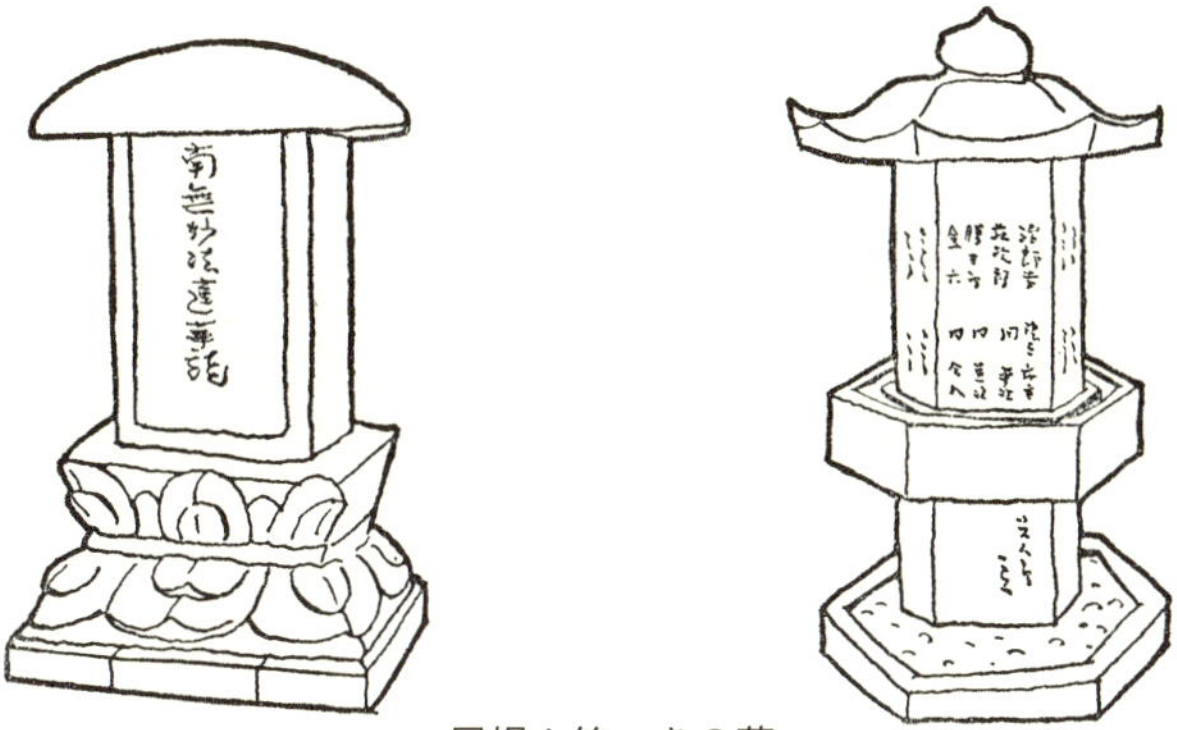

屋根や笠つきの墓

墓も人であり、家庭です。目かくしをされていては道も歩けません。

屋根や笠つきの墓

頭に関するトラブルが多く、秀才が出ることもありますが、脳の病気とか低脳者が出ます。

笠は、その地位をあらわす封建社会の遺産です。因縁も深く、何事も事大主義になりがちです。先祖様が雨や陽に当たらないようにと笠をかぶせた気持ちは、わからないではありませんが、太陽をいっぱい受けて、時には天からの慈雨に打たれて、自然のままに、自然の懐ろに先祖をかえしてやりたいものです。

家宗の乱れ

親・子・兄弟がバラバラで、家族関係が滅茶滅茶になり、精神病、悪くすると植物人間のような人が出ます。

神道、仏教、キリスト教というように、それぞれの心のよりどころが違っていますと家の伝承も確立できません。したがって、よい伝統の芽も育ちません。

お墓はあくまでも先祖のためのものですし、第一、改宗は先祖とは無関係です。キリスト教を信じようが、何教を信じようが、それはその人間の考えで自由ですが、先祖にまでそれを押しつける自由はありません。お墓は、宗教が発生する以前から存在しているものなのです。

社員や従業員を自分の墓地でまつる

自分の墓地内に従業員や社員の墓を作ることはタブーです。

すべてに厄介を抱えるようになります。小さくは、男の場合は男の厄介者、女であれば女の厄介者が出ます。

従業員の面倒を永久に保証すれば、主家は倒れます。衆寡敵せず、一対多数では圧倒されるのが当り前です。墓はあくまでも家族の歴史の場です。他人をそこに入れるのはトラブルのもとです。人には公の立場と個人の立場とがあります。社員をまつる立場は公のもの、個人の墓でまつってはいけません。

第三章　よいお墓、生きたお墓のたて方とまつり方

――幸運をよぶ吉相墓の原理

これまでの話から、家運とお墓が切っても切れない深いつながりのあることはおわかりいただけたと思います。

それでは、家運を隆盛にし、幸運を呼ぶよいお墓を作るには、どうすればよいのでしょうか。

それにはまず第一に、あなたの家の家系図づくりから始めなくてはなりません。家系図は家運図ともいわれ、それを見ると、その家の家運の流れが一目瞭然にわかります。お墓が先祖供養のためにたてられることは、すでに幾度か繰り返しましたが、その先祖供養が正しく相続されることが、家運繁栄の前提となるからです。

昔から、姓の違っているホトケを客ボトケとか厄介ボトケといい、こういう関係のない人をまつると、その厄介が家の煩いとして残るといわれています。ですから、家系図を作って「まつるべき先祖と家族の死亡者」と「まつらない他家の死亡者や他家へ移動した死亡者」をはっきり整理する必要があるのです。

①家系図を作るには自分の改制原戸籍謄本、戸籍謄本、死んだ祖父や曽祖父の

除籍謄本を取り寄せること。
②家にある過去帳によって、家系図に書き入れること。
③菩提寺の過去帳を調べ、戒名、俗名、死亡年月日、年齢、葬式時の施主名などを書き取ること。
④家の墓地の石塔の表、横、裏に刻まれている字をすべて写し取ること。
⑤親族の老人から先祖のことに関する話を聞くこと。
⑥現存者の生年月日を書くこと。
⑦他家へ嫁入りした人、分家した人を明らかにすること。
⑧流産、中絶、死産などの、戸籍にはのらない水子も調べること。

以上をまとめて家系図を作ります。なお、疑わしい先祖や調べてもわからない人は書き入れないでそのままにすることが大切です。無理に書こうとすると、他家の人や架空の人をまつることになりかねません。

地相・地形選び■

お墓というものは、とかく陰気なものです。しかし、人間はいつか必ずそこへ行かなければなりませんから、できるだけそういった印象は避けたいものです。けれども、それは、樹木などを取り除いて明るくするという外的条件だけでなく、死そのものを内面化し、死はむなしいものでなく希望ある未来、という信仰心によってささえられたお墓にすることが大切だと思います。

ですから、墓地を選ぶにしても、まず霊を供養するにふさわしい環境、言い換えれば、供養者がそこに立てば宗教的な心境になるような土地が望ましいのです。

墓地には、各都道府県や各市町村などの地方公共団体が管理している公営墓地と宗教団体・寺院、土地会社などが管理している私営の墓地があります。公営のほうが私営より使用料は割安になっていますが、希望者が多く、入手しにくいのが難点です。

とくに都市では、最近、人口の密集が激しいので、寺院の墓地もまったく余地がなくなり、公営なみの入居難です。こうした都市の過密化を背景に、最近では、郊外に造成された霊園（公園墓地）が一般的になっています。

ただ、いくら安くていい環境でも、あまり遠い場所では墓参りも思うにまかせません。建墓の目的は、あくまでも墓参りし供養することにあるのです。

それでは、具体的には、どのような点に気をつければいいのでしょうか。

墓相研究の古典である『墓相小言』には、次のように書かれています。

「大概墓地の相は、土色光り潤い、草木茂り盛るを吉とす。……すべて瘠地、不浄、湿気の地を忌むべし」

これは、現代でも十分通用する地相判断の基本的法則です。

「土色光り潤い、草木茂り」とは、肥えた土地のことです。なぜ、肥沃な土地が墓地にいいかといえば、遺体や遺骨が大地と一体化しやすいからです。地徳を受けられるということです。人間は、死んだら生物をはぐくみ育ててきた母なる大自然に帰ることが、本来のあり方です。岩だらけの土地や砂地に埋葬された死者は、なかなか土に還元しにくいのです。慈雨と陽光に恵まれた潤いのある土地こそが、死者にはふさわしいといえます。

瘠地、谷間、窪地、湿地、崖地など陰気な土地、危険な土地が凶相であることはもちろんです。常識からいっても、これらの土地は霊の安息所として、また遺族がお参りしたり墓前にぬかづくのにもふさわしい環境とはいえません。

ゴミ捨て場や犬猫の死骸の捨て場所のあとのような土地は、穢れていて気持ちが悪く、もちろん凶相です。

寺墓地のような古い墓、野墓のようなところのあと地を手に入れた時も、元の土を入れかえ、清浄な山土を入れて墓地にするのがよいのです。この場合、笹や木の根を取り除かないと、あとの掃除がたいへんです。

山頂の墓は、一番ピークにあるから財産がこれ以上増えず、むしろ下降線をたどるとか、父親が早死にするとかいわれますが、山頂にぽつんとあるのが、下から丸見えであるとか、切り立って危険な場所などはともかく、山頂だからといって必ずしも凶相とはいえません。もともと祖霊は山上の霊場でまつったのであり、山頂の風光明媚な見晴らしのよいところこそ墓地にふさわしいともいえます。ただ、あまり高い山ですとお参りするのにたいへんですので、人の足も遠のくことになります。

また、ふつう墓相学では、大きな木が墓地にあると財産が減るとか、花や実のなる木は不具者が出たり、死人が出るといいます。しかし、反面、お墓は森厳な霊場であり、人間でも暑ければ木陰に憩い、雨が降れば大樹の陰で避けます。このような人間感情の霊への投影が供養の根本ともいえるので、樹木のある墓が一口に凶相ともいえませんが、天皇家の陵ならいざ知らず、庶民の墓では限度のあることで、できるだけ陰気になることは避けるべきです。そのためには、墓地にふさわしい、樹木としてはあまり大きくならない香木の類、ツゲ、タマヒバ、イブキなど背の高くならないものがよいでしょう。

しかし、墓地の内部に植えることは凶です。病気見舞いと同じく根のあるものはいけません。したがって、狭い墓地に植えることはよくないということです。近年、ガーデニングが盛んで、こうした霊園も見受けられますが、記念碑、観賞用であれば別ですが、先祖の供養には墓相上は凶とされます。

また、菱形、三角形、角が欠けた地形など、変型の墓地も凶相とされています。墓所は美しく、気高くなければなりません。そのためには、地形もバランスがとれていることが望まれます。せっかくお墓参りに来ても変型の墓所では、かえって心も落ち着かず、精神も安定できないということになります。

以上のことを考慮に入れて、墓地を求める際の注意すべき事項をまとめてみますと、次のようなことになります。

①日当たりのよい、風通しのよい場所。
②陰湿でジメジメした場所は避けること。
③できるだけ、東または南向きであること。
④地盤のしっかりした清浄な土地を選ぶこと。宗教的霊地が望ましい。

⑤造成が完全な土地、管理が十分行き届いている墓地・霊園を選ぶこと。
⑥畠の土とか土質のよくない場合は、清浄な山土と入れかえること。
⑦せめて、日帰りで墓参りのできる範囲内に墓地を求めること。
⑧分家（結婚し家を建てる時）するには、家をたてる前にまず、狭くても墓地を作ること。その際、本家（生家）の墓の土をいただいて、その墓地に埋納し、写経をして、木標でもよいから供養塔をたてること。
⑨本家の場合（分家でも二代目以降）は、今までの宗旨でまつれる墓地であること。
⑩分家で自分が初代の場合は、本家（自分の生家）の宗旨とは別の宗旨（宗旨がえ）の墓地であってもさしつかえない。

いずれにしろ、墓地は先祖との交流の場で、祖霊が安らかに眠る場所です。遺族が墓前にぬかずき祖先の冥福を祈ることによって、遺族たちは未来を明るく力強く生きる気力がわき、清らかな思いで全身が洗われるような場がふさわしいといえます。

■墓地の広さと値段

墓地の広さ

墓地は広ければ広いほど、祖先を大事にすることになるからいいのでしょうか。極端な表現ですが、狭ければ狭いなりにまつりを考える、それが真の吉相墓というものです。墓域が広かろうが狭かろうが、そんなことは祖先のまつりには関係ありません。

墓地の広さは、祭祀を始めた当初のままであるはずはありません。その家の先祖供養が何代にもわたって相続されていくなかで、移転、改葬、統合により、大きくもなれば小さくもなります。ですから、徐々に拡大していくならそれでいいともいえますし、縮小しなければならないのなら、これは自然の成り行きでしかたのないことです。末代まで順風満帆とはいかないだろうし、また、これを無理に、となれば、当然その名の如く、無理が重なり破滅ということになりかねません。天意にさからわないことです。

将来のことは子孫が考えて祭祀することであって、自分は自分の考えによって先祖供養すれば足りることです。経済上の制約から最低の広さでおまつりをしたって一向に差し支えのないことです。それを越すと気がついた時には、見栄的なものとなってしまいます。ただ、近い将来の二世代くらいあとのことをある程度計画に入れておくことは大切でしょう。

墓域が広ければ広いほどその家の悪相も消えるし、子孫のためにも広いほどよいと、金にまかせて広大な墓域を買っても、逆に子孫はその管理に手を焼くかもしれません。また、墓は陰の極みで、かえって余地がありすぎて陰負けすることもあり、これを徳負けといい、金だけでは絶対にまかないきれるものではないのです。

新しく手に入れる場合、最近では、公営墓地では一メートル四方もあれば大きいほうかもしれません。有名な寺院などでは七十センチ四方で数百万円というところもあります。だいたい四平方メートルを単位にしています。なかには三平方メートルというのもありますが、これが最低の広さといえるでしょう。

これは地方によって墓石の形状が違ったり、立って礼拝するのとかがんで礼拝する習慣、また、墓地内で礼拝するのと墓地外で礼拝するなどによっても多少違ってきます。

墓地の外で立礼する場合では、墓壇を高く地上よりあげて、その上に墓石をのせています。そうでない場合は、三十センチまでの高さに結界石をめぐらし、その上に墓石を作ります。ですから、それぞれの場合で、最小墓地面積が少しかわってくるでしょう。

蹲踞《そんきょ》（かがむこと）の姿勢をとるのは、京都や奈良など墓地の歴史が古い地方に多く見られ、立礼は新しい霊園に多いようです。墓はやはり立礼でなく蹲踞の姿勢で拝むほうが自然でもあり、敬虔でもあるので、そうしたいものです。蹲踞をとる墓は、墓壇自体も三十センチ前後の高さにし、墓石も見上げるような大きなものはいけません。

墓地の広さは、分家初代ですと、できれば供養塔と位牌墓が一本ずつたつ余地が望ましいので、予算の都合もあるでしょうが、間口は最低二メートル、奥行きも二メートルはほしいところです。しかし、もちろんそれ以下であっても、先祖供養はできます。

ただ、欲をいえば、もう一基建てられる未来地はあったほうがよいと思います。それが子孫への思いやりであり、祖先信仰の種子を残すことにつながり、これがまた相続への自信をもたせるからです。

いずれにしろ、墓地の大小だけで先祖をまつれるものではありません。まして昨今のような墓地難となれば、そうそう広い墓所を望めるわけがありません。
自分に見合った墓でまずまつることが大切です。狭いなりにまつる方法はあり
ます。
墓地の値段

近頃は、公営の公園墓地でも私設の霊園でも、一聖地とか一区画いくらとい
う値段で、墓地の永代使用権を売っています。私営でも公営でも、墓地は買う
ものではなく「永代使用権」を得るという形をとっています。直系使用者に使
用権が伝えられているから「永代使用」というのです。

墓地は宗教法人による宗教活動のために、知事または百万都市以上は市長の
許可を得て経営されます。地目が墓地に変更されると固定資産税を払う必要も
なくなり、もともと宗教法人ですから所得税も免除されています。このように、
宗教法人が経営する墓地は優遇されているのです。

これは祖先信仰という良風を国が認めてのことでしょうからいいとして、公
営の場合は、もっと大衆に利用されやすいように考えてもらいたいものです。
大衆化といって、いたずらに西洋式の真似事では、どうかと思います。緑地帯

のある芝生墓地、公園墓地は結構ですが、そうすることで、墓地の大きさ、墓石の形状までもが規格化されてしまい、そこに先祖信仰の伝承のおもかげさえ見られなくなり、お墓がただたんなる遺骨の収納施設になっているのはさびしい限りです。もう少し庶民の求めやすい墓地を考えてほしいと思うのは、筆者だけではないと思います。

墓石の大小■

人はそれぞれ考えがあり、一家の未来を考えて墓地を広く求めたいという人と、広くなくてもよいから将来子孫が墓石をたてられない時のために、今、立派な石塔をたて、納骨堂の大きい墓を作るほうがいいという人がいます。

前者には子孫の未来を願う気持ちがあらわれていますが、後者は同じ子孫のことを思っていても、今後、造塔供養の必要はないと決めているようです。

私たちは子孫の未来を信じ、一族の永続性を願ってこそ、子どもたちを養育できるのだと思います。墓地や墓石は立派なほうがよいのはわかっていますが、もっと大切なことは、親のために孝養を尽くすよい習慣を植えつけることが、祖先供養の最初の発想であることを忘れないことです。親を敬い、先輩を立て、上司を尊敬する心を育て、敬神崇祖する心が、すなわち墓の心です。墓石の大小、墓地の広狭は第二の問題です。

ですから墓相学上でも、やたらと大きな墓はたてるなと説いています。ことに、墓石を先祖や親より大きくすると家が乱れ、災厄が生じ、子孫は短命になるといわれています。

ただ、先祖の供養塔はいくら立派であってもかまいません。

大きな墓をたてる時は、家運が全盛期にあるのがふつうです。けれども子孫がその家運を維持することは、たいていの場合、不可能です。仮りになんとか維持していても、他人から見れば衰退しているかのように映りがちです。実際に大きな墓をたてたためにそうなったのか、数学のように証明はできませんが、虚栄心を戒めるためにこのような説が生じたのだと考えれば、味わい深いものがあります。事実、大きな墓所や墓石は無縁仏になりやすいことは確かです。

墓石は三つの部分から成り立っています。下から上へ順に「下台石」「上台石」そして文字を彫り込む「棹石」があり、この棹石は仏石ともいいます。これらはまた、下から福石、禄石、寿石ともいい、墓相学の上では、下台石はその家の不動産、上台石は動産、棹石は家族や子孫の健康と深いかかわりがあるといわれています。

墓石の大きさは地方によって違いますが、一般的な寸法としては、八寸角（棹石が二十四センチ角）、九寸角（棹石が二十七センチ角）、尺角（棹石が三十センチ角）等の種類があります。

下台石の下にさらにもう一つ、一般には芝台石を置いて四組とする場合もあります。

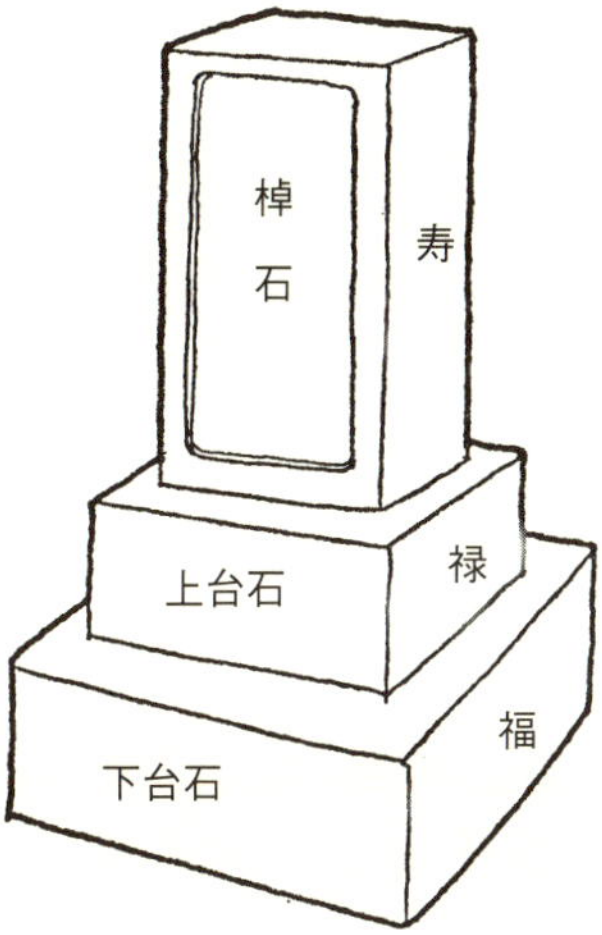

墓石は墓地の広さ、家に見合った分相応のものを建立すべきです。墓は一個人の記念碑ではありません。これまでたっている墓石と極端に違っていたりするのは、釣り合いが取れず、見苦しいものです。

それならば、墓地が広ければ大きな墓をたててもよいかというと、決してそうともいえません。むしろ、広ければ広いなりに未来地を残すことになるので、広いからといって、やたらに意味のない飾り立てをしないようにしたいものです。ただ未来地といっても、これも限度があり、広すぎると陰負けしてしまいます。家運との釣り合いなどを考慮することが大切です。

ともあれ、俗っぽい、これ見よがしの大きな石塔は虚栄心のかたまりのように見え、清浄であるべき墓所の雰囲気をぶち壊すことになりかねません。

大きな墓をたてたからといって、立派な供養をしたことにはなりません。当人は気づいていないかもしれませんが、自己満足をしているにすぎません。それでは先祖供養をダシにしていることになります。大きな墓をたてるよりも、正しい先祖供養を、子どもを通して孫に、さらに子々孫々に伝えていく生き方のほうが大事なのです。

先祖に感謝し、親を敬う心が先祖まつりの心です。いかに金をかけても、まつる心のない、供養のない墓では何にもなりません。

子孫には子孫の将来があります。子どもの世代まではなんとか親の力も及びますが、ついには息が切れてしまいます。子どもに負担をかけまいと大きな墓をたてておく親心が、かえって仇となって、子どもの徳を奪うことにもなります。筆者の周囲にも広大な墓所や墓石を残されて、その維持、管理に悩んでいる人がたくさんいます。子どもには子どものつとめを残すことが、家の永続につながるのです。せっかくお墓をたてても、家が潰れて大きな墓石だけが残る、ということだけにはなりたくないものです。

■墓石の質と色

一般に墓石の色は黒みかげ、青みかげ、白みかげ、赤みかげなどいろいろありますが、石は硬質で、傷のないものが最上です。石が生きていることが大切です。風化に弱いのは死に石です。

硬いばかりでなく粘りのある石、石目のはっきりしたものがよいとされています。花崗岩の切石は加工することで生命を得ますが、逆に自然石は加工することで生命が損なわれるものです。

ふつうは、白色系の花崗岩が良質な墓石とされています。清浄な感じを与え、耐久性にも富んでいるからです。有名な花崗岩としては、四国・香川県の庵治《あじ》石、茨城県の真壁で産出される小目《こめ》みかげ、糠目みかげなどは最良で吉相とされています。石質・密度などから評価されているのですが、庵治石は品不足で高価です。そのほか、茨城の「稲田みかげ」、岡山の「北木石」や「万成石」、愛媛の「大島石」などが有名です。

花崗岩に次いで墓石に用いられているのは安山岩で、この系統の石では神奈川県真鶴の小松石が昔から有名です。現在は自然環境保護のため産出量が減っており品不足です。

安山岩は花崗岩に比べてやや暗色ですが、耐久力は強いといわれています。静岡県の根府川石、山梨の山崎石などが知られています。

最近の傾向としては、外国産の輸入材が主流となっています。さらに中国産のものが安価なので、墓石といえば中国というほどですが、やはりよいものはそれなりに高いものです。が、激安ブームとバブル崩壊とで他業種からの参入や葬儀業者や仏具業者が墓石をセット販売するということで墓本来の意義も宗教性もまったく見られず、墓石も日用品並みに流通商品化され、死者儀礼の墓もたんなる装飾品となっていますが、残念なことです。

このように最近では、外材でお墓をたてる人々が年々増加しています。品質・価格の面で一般向きだからです。外材が一般に用いられる以前は、黒色系の墓石は主として富士川から東の地域でたてられてきましたが、これは産地との関係でそうなったのです。つまり、富士川以西では産地がほとんどなく入手難でしたので、関西地方では黒石の墓石は多くないということもいえるでしょうが、東西に分けて西の方が庶民の信仰は厚いように見受けられますし、その分、墓のタブー等にも配慮されてきたものと思います。

外柵用の石として昔は、大谷石、白河石、須賀川石などの軟石を使ったものがありました。値段は花崗岩より安いのですが、風化しやすく、耐久性に欠けるのが難点で、今ではまったくというほど使われません。

ともあれ、先祖は土に帰ることを望んでいます。ですから、その土地土地で産出される石で墓石に適したものがあれば、それを利用すればいいといえます。その土地の石は、土と同様、祖先そのものといえますので、そうした石で作られた墓石は祖先も喜ばれるでしょう。

墓石の形■

いたずらに奇をてらって、とっくり形とか将棋の駒形、はては宝船の形のお墓まで見かけることがありますが、こうした墓が墓相上からはよくないことは先にもふれました。

お墓を趣味で作ったのでしょうか、先祖まつりを道楽にしてはいけません。たとえご先祖の趣味を生かすことが供養になると思ってたてた場合でも、俗世間とあの世は違います。いつまでもこの世の名声や趣味、すなわち妄執を持っていては、ホトケはいつまでも成仏できません。あくまでも、祖先を供養するという敬虔な宗教的な感情から出発することが大切です。

墓石には石碑、仏塔、仏像、石塔などがあります。

①石碑はいしぶみの記念碑で、死者の略歴や生年月日、俗名、死亡年月日を記し、経歴を主にして建立されます。墓誌とか霊碑とかよばれるものもありますが、これも石碑の類いです。墓誌は、霊を供養するというよりも、先祖の事蹟をいつまでも残そうとする記念碑です。

②仏塔は仏の法身舎利を納める塔婆を墓石として使用したものです。

③仏像は、仏像を彫刻した供養塔で、よくみかける地蔵様や観音様がそうです。子どもや独身のまま死んだ人の墓によく見られます。

④石塔は各家の宗旨のよりどころを正面に彫り、戒名などを彫る墓石で、それ

はよいのですが、近頃は、一つの墓石で間に合わせようという合理主義から、かまわず次々と戒名を彫ってあたかも石の過去帳のようになっているものがありますが、これは墓相上は感心しません。そのような場合は、五輪塔のような供養塔でなければなりません。

⑤位牌墓石は、夫婦一組の単位で、正面に戒名、裏面に死亡年月日、俗名、年齢を彫ります。夫婦墓といわれるものです。

仏像墓標

角柱型石塔と位牌型墓石の原型が板碑であることは、すでにふれました。それでは、この形はどうしてできたのでしょうか。

板碑とは、角柱型の石材の頭部を三角形にけずり、その下（ひたい）に二条の刻線を入れ、その下に額を残して文字面をけずり込んだ石塔です。これはふつう碑伝《ひで》といわれ角柱型墓石の原型となっているものであり、この碑伝が平たく板状になったものが、関東型板碑といわれる位牌型墓石の原

板碑

型です。

この板碑にある二条刻線は何を意味しているのでしょうか。それは、今でも地方に行くとよく見られる男根型の道祖神から推察されます。道祖神は、中国の行路の神である道陸《ろく》神と融合して道の神様になっていますが、もとは同祖神です。この同祖神は男根のシンボルであらわされ、ヒモロギとともにそのシンボル化した棒をたてて、五穀の豊饒や子孫の繁栄を祈ったのです。それが杖型卒塔婆に男根型のくびれとして残り、これが板碑の二条刻線に受け継がれたのです。

生殖器を生命の根源、エネルギーの根源としてまつる民俗は日本だけでなく、ヨーロッパでもインドでも世界各地で共通しています。

この板碑の二条刻線や文字面のけずり込みは近世になると省略されはじめ、

大量生産の必要とともになくなってしまったのが、現在の角柱型石塔と位牌型墓石なのです。

このように、たんなるお墓の形のなかにも祖先たちの宗教的心情が造形化されているのであり、それらを知ったうえで、私たちは宗教的で美しいお墓を求めたいものです。

代々の先祖を一カ所にまとめてまつることを合祀といいますが、その場合、先祖供養塔をたてるのが理想です。その時の石塔には、ふつう層塔、宝篋印塔、多宝塔、五輪塔などがあります。

層塔

層塔は、三重塔、五重塔などを模した石塔で三層以上から成っており、三・五・七・九・十三層の五種類があります。この塔は、遺骨を奉安するための舎利塔と写経した経文を奉納しておく供養塔（経塚）としての性格を持っていますが、他の墓塔に比べると供養塔としての性格が強いといわれています。

写経した経文の末尾に先祖代々の戒名、それに供養の願文を書いて経筒に納め、層塔の地下に設けた室に遺骨とともに安置します。また地方によっては、

層塔

層塔の地下に作られた空室の底に二寸前後の河原石を一尺くらいの厚さに敷くところがあります。この河原石に一字ずつ経文を書き写す習わしがあり「一字一石塔」と呼んでいます。この層塔をはじめ、他の墓塔も供養のためにたてられるものですが、同時に墓標としての役割を兼ね備えています。

宝篋印塔

この塔は「宝篋印陀羅尼経」(正しくは一切如来心秘密全身舎利と頭につく)を書写して納める経塔でした。このお経は死者の追善供養用の経典だったので、のちに供養塔、墓碑銘として広く用いられるようになりました。方形一重の塔形で、笠上は数段の段形になっており、四隅に隅飾りの突起があり、頂上に相輪をたてます。

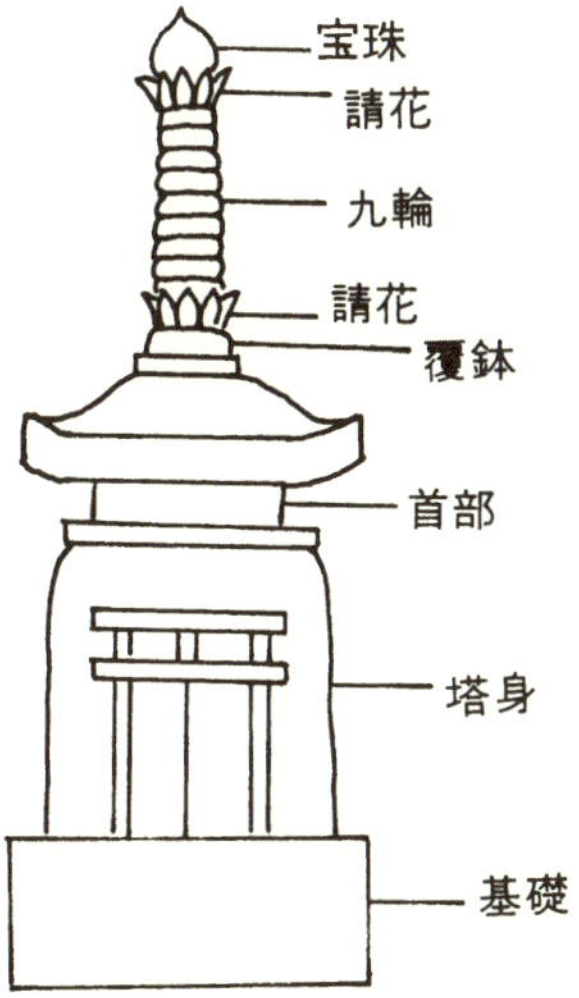

宝塔

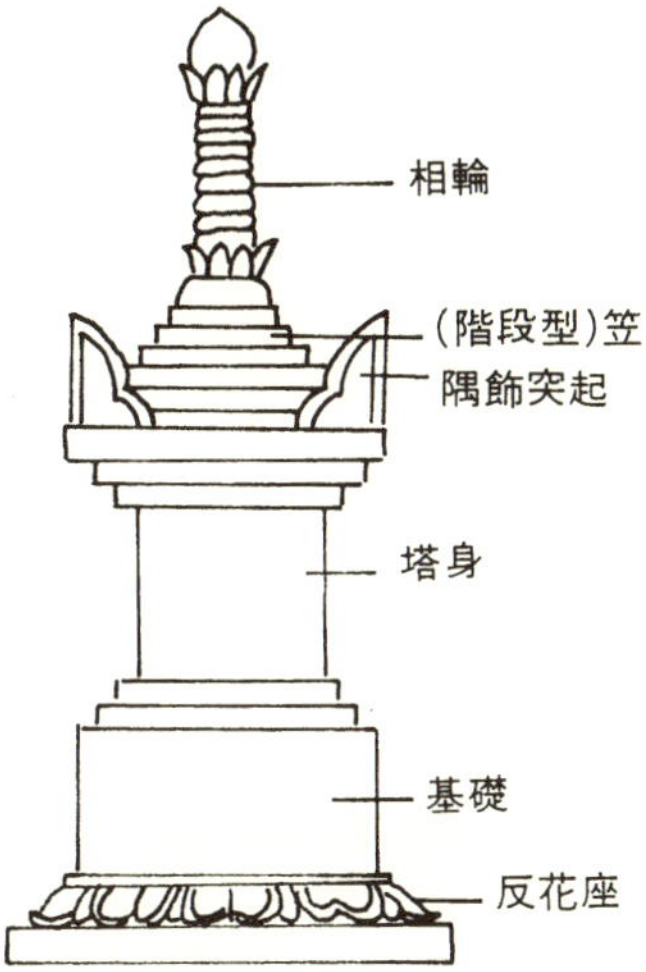

宝篋印塔

宝塔・多宝塔

多宝塔も、古来から伝わっている石塔の一つです。「宝」は塔の美称です。宝塔は塔身をビン型にすぼめ、上にふたをし、その上に相輪を置くスタイルの塔です。この塔に裳層《もこし》をつけたものを多宝塔といいます。多宝塔は『法華経』の「見宝塔品《ほん》」にちなんで建立された塔で、お釈迦様が法華経を説かれている時、突然、空中にこの塔があらわれ、あたかも如来の全身のような形をしていたところから、この多宝塔の形ができあがったといわれています。ですから、釈迦・多宝の二如来が並び坐っている塔（二仏併座）というのが本来のあり方といわれています。
日蓮宗の人たちがこの塔をたてることが多いのは、このためです。

五輪塔

もっともポピュラーで浄土真宗を除く宗派に関係のないのが五輪塔です。

五輪塔は五大五輪をあらわすのだから真言密教だけの塔形だと考えている人もいるようですが、万物は地・水・火・風・空の五つの要素からなるという五大説はインドでは古くからあり、密教だけのものではありません。ギリシャ哲学にも見ることができます。これを即身成仏を説明するために、衆生（私たち俗人）の五大も如来の五大も同一だといったのは真言密教ですが、弘法大師空海はこれに識大を加えて六大説を説いており、真言宗の理論を忠実に形取れば六輪塔になります。

地・水・火・風・空の五大をそれぞれ方形、円形、三角形、半月形、宝珠形（団型）であらわすことはインド以来のものですが、これを積み重ねて一つの塔形にしたのは日本で始まったことです。

ふつうよく見る五輪塔は、方形の地輪、球形の水輪、三角形の火輪、それに半月と宝珠形のくっついた空風輪の四つの石を積んだものです。また死者の供養に積石をすることは、各地の「賽の河原」の信仰習俗をみればよくわかります。ですから、民俗として古くから日本人の持っていた積石信仰と仏教の五大五輪が融合して、五輪塔という日本独自の美しい塔形を生み出したのです。

仏教のうえでは、この五輪塔の空・風・火・水・地は胎蔵界五仏、すなわち人間の頭・肩・腹・足をあらわし、これが転じて、大日・阿閦《あしゅく》・宝生《ほうしょう》・弥陀・釈迦の五如来を表示しており、五智如来といわれています。

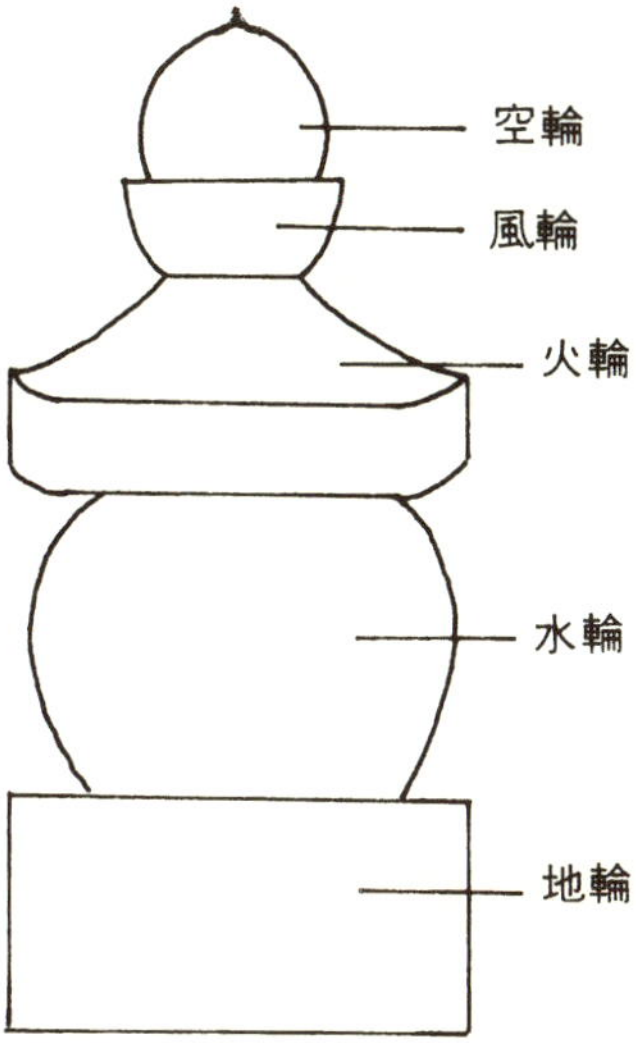

五輪塔

この形体はあらゆる物体の基本形をなしており、いつの日にか仏の大いなる力により一大光明を発して死者を再生させる、といわれております。

空輪は頭の形をしており如意宝珠といい、もっとも重要な意味を持っています。無限の世界、宇宙、天体であり、ハスの花の蕾をあらわし、今や開かんとする力を表現しています。形は丸ではなく円の変型で「まるくとも一角あれや人心、あまり丸いはころびやすいぞ」というように、意味の深いものです。

風輪は風であり、雲形です。雲形は水蒸気をあらわし、天体を浮遊しているあらゆる物質をあらわしています。

火輪は火焔であり、あらゆるエネルギーをあらわしています。いわゆる動力の源であり、物体の燃焼している形、すなわち三角形です。

水輪は水滴を意味し、すべての生物を育てます。それを円であらわします。

地輪は田畑の区画である四角形で示され、大地を意味します。

人間は死ねば肉体は腐って火となって燃え、水となり雲となって風にのって空へ昇り、地の土となるのです。それを輪廻《りんね》といい、私たち人間は土より生まれて土に帰ることをあらわしています。

五輪塔はあらゆる物体の基本形であり、そこに精神的な魂を吹き込めば生命力を発揮して、死者の霊は不滅となり、物質界の根元である五大を捧げれば最高の供養になるといわれています。

五輪塔に限らず塔の拝み方は、塔の周囲を時計の方向に三回まわって拝みます。正面の門を発心門、左側を修業門、うしろを菩薩門、向かって右を涅槃《ねはん》門といい、この門を過去仏、現在仏、未来仏と三回行道しながら仏に念じるのです。

無縫塔

その形状から、卵塔ともよばれます。無縫塔の塔身は一つの石でできていて縫い目がないので、この名前がつけられたといわれています。

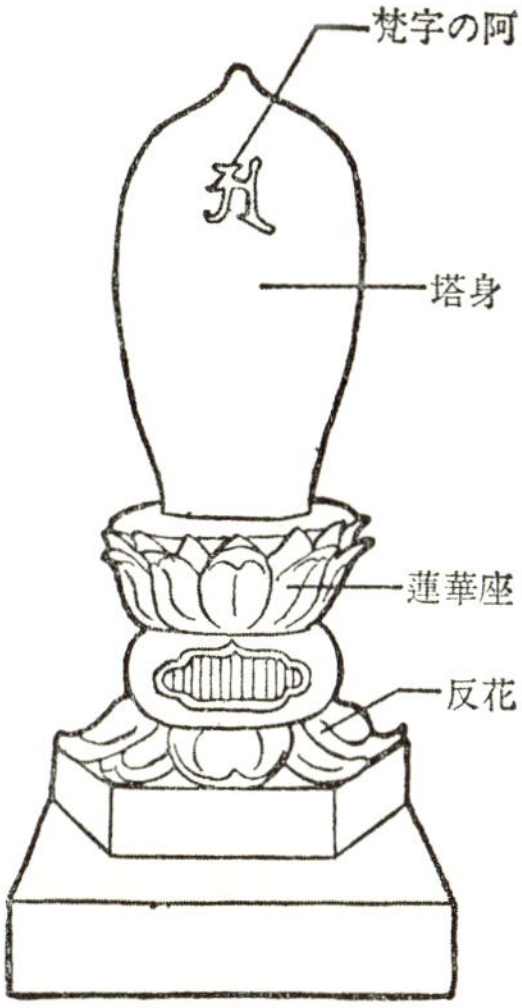

卵塔

中国で宋の時代に僧侶の墓塔として用いられ、鎌倉時代に禅宗とともに日本に伝来し、日本でも主として僧侶用の墓塔として定着していきましたが、後世になると、公卿や上級武士の墓標として用いられるようになり、現在でも僧侶用の墓塔として用いています。

これらの供養塔は、ふつう考えられているような墓石ではありません。むしろ仏塔なのです。まつられるべき主体は仏陀であり、弥陀です。そして、供養塔はたんなる納骨堂ではありません。絶対的な心理を含む仏の慈悲心をあらわしている塔なのです。ですから、新しい死者はその浄土に葬られ、仏のみ心におすがりして往生するのです。

ですから古いお墓を整理したり移転する時には、供養塔をたてるのが最適だとされているのです。とくに二、三カ所以上の墓地を整理した時には、ぜひとも、たてたいものです。また、遠隔地に昔からの墓があり、お参りもままならないという時には遙拝供養塔を近くに設け、それにはこうした五輪塔や宝塔または宝篋印塔等の供養塔がよいとされています。

■墓石の並べ方

とむらい上げのすんだ先祖は一カ所に合祀してまつるのがよいとされていますが、それ以前、すなわち父母、祖父母など何世代かの先祖をまつる場合、どのように配列したらよいのでしょうか。

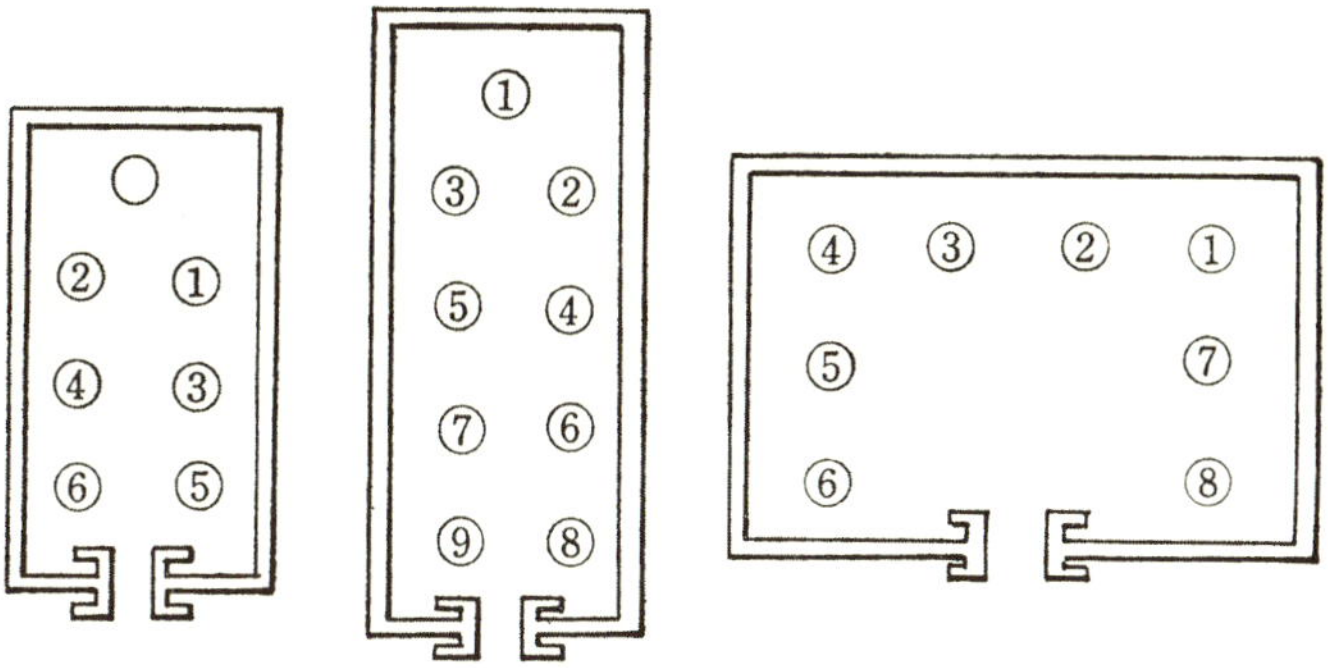

　一般には墓地の正面に向かって右側が上座とされています。ふつう、この位置に五輪塔などの先祖供養塔がまつられます。あとはその供養塔から順に左に初代、二代、三代……と配列します。が、あくまで一般論で、その墓地の広さでかわる場合があります。

　また、家柄が古いなどで墓地がタテに長く、間口も広い場合や供養塔が中央にある時は、最奥の向かって右に初代、左に二代、また右に三代、左に四代と順次に並べ、一番手前が下座になるようにするべきです。

　死んだ幼な子や相続しないで死んだ独身男性、未婚の女子のお墓は、一番下座にたてます。その石塔（または仏像）は、先祖供養塔に対して直角（つまり横向き）になるようにたてます。子どもが可哀想だからと上座にするのは、まつりが逆になりよくありません。立派な墓地ができあがっていても、その中央に水子のお地蔵様をたててまつっているのを時々目にしますが、これなどは、水子をご先祖としてまつっているようで、最凶のものといえましょう。

墓地や墓石は、あくまでもケジメをつけて正しくまつらなければなりません。墓は家の相続と切り離せませんから、まつり方が乱雑だということは、誰が相続人で、誰が責任を持っているかがわからないということであり、結局、そんな家は存続することさえできなくなります。

建墓の時期

お墓はいつたてればいいのでしょうか。これにはたいていの人が迷うものです。年忌にとか、四十九日忌明け、春秋の彼岸、盆、祥月命日など、地方により、人により違ったことをいわれますが、庶民の信仰のそれからは四十九日を境にしていますので、四十九日忌明けにというのがもっともベターなのものといえましょう。考えてみれば、これらの考えは昔からある死のケガレを禁忌《タブー》とする民俗信仰からきているようです。

年忌にたてたらいいというのは、その死者本人のまつりですから一番適切なものでしょう。また、その時は親族など大勢の人も集まり、にぎやかだから入魂式（開眼供養）を行うのに都合がいいということにもなるのです。

十三回忌くらいが墓をたてるのによいというのは、昔はたいてい土葬であったので、十三年もたつと、特別なことがない限り棺も腐って崩れ、表土も落ちくぼみますので、その時にたてると墓石が落ち込むこともないので、そういっていたのです。土葬の習慣のない所や、現在のように火葬が一般化している時代には関係がありません。十三年もしていると、その間に新しい死者が出る可能性だって無きにしもあらずです。また、吉日を選べとの説にしても、お墓をたてられること自体が吉事なのですから、お墓をたてる日を吉日と考えて、あまりこだわる必要はありません。あえていうならば仏日という表現をするべきでしょう。

また一月中はお墓をたてるのは見合わすとの説も、考えてみれば、正月というのは、本来は先祖祭が変化したものですから、いいといえばいいのです。せいぜい松がとれるまで控えれば十分です。

墓石開眼（三重県）

葬式は四十九日がすんで納骨し、石塔が開眼してはじめて終わるのです。四十九日がすんでもまだ仏壇に遺骨を飾り相続の話をしているようでは、故人も浮かばれません。忌明けがすめば、すぐ墓に埋納するのがよいのです。そして、できれば早い時期に墓石供養をすべきです。そうでないと、いつまでも遺骨がある家は陰気になってよくありません。元来、両墓制の墓では四十九日まで埋め墓でまつり、それを過ぎれば、詣り墓に塔婆をたてて拝んだのです。

仏法は本来、日々是好日です。仏を供養する石塔は、いつたてても悪くないはずです。ただ、位牌墓の供養は命日や年忌がその人の記念日なので、これを考慮に入れて、死者の供養の十三仏事の意味を知り、参考にすべきと思います。

ところで、先祖代々の墓をたてる場合はどうなのでしょうか。むろん先祖まつりですから、何千という遠祖までおまつりすることになります。一番近い死者だけのまつりではありません。遠祖を通じて新仏を仲間入りさせていただく式ですので、先祖代々の墓ともなれば、それこそ、いつたてても一向にかまいません。

供養塔をたてる場合も同じことです。仏壇はいつ拝んでもよいように、仏の塔を作るのに悪い日はありません。

なお、墓石をたてる際、入魂式を行いますが、開眼供養のために僧侶に読経してもらう儀式のことです。ただし、浄土真宗の場合は入魂式とはいわず、建碑式といいます。

■墓石に彫る文字

お墓に彫る文字は、深ければいいというものではありません。ふつう深彫りのほうがよいと考えますが、風化しやすく、凍ったりした時のことを考えるとよくありません。文字の太さ程度に彫るのがよいとされています。

そういう深さよりも、文字の筆運びや筆はじめから筆じまいまで、丁寧に、とくに墓石に彫る文字は楷書で書かれた文字がよろしいのです。

墓石の文字の種類は、一般に前字（棹石の正面の文字）に名号やお題目（南無阿弥陀仏、南無妙法蓮華経）とか、先祖代々之墓、○○家之墓と印したり、戒名（夫婦墓や位牌墓）を彫ります。が、とくに○○家の墓はまさに看板・表札であり、仏をまつる墓石にはよくありません。

棹石の後面の文字に施主名、建立年月日、死亡年月日、俗名、死亡時の年齢などを記入することはよくありません。仏石の名の如く、ご本尊と先祖をまつる石ですから建立者の名前と建立年月日は下の台の左側面へ彫ります。

石塔正面の最上部には梵字を彫りますが、それは宗派などによって異なりますので注意してください。よく家紋を彫ったものを見かけますが、それは間違いです。

禅宗は〝一切空〟をかたどって円寂の〝○〟か〝空〟を彫ります。

真言宗、天台宗は梵字の〝〟（ア）という文字を刻みます。

浄土宗の場合は、阿弥陀仏をまつっていますので、それをあらわす〝〟（キリーク）という文字を刻みます。

日蓮宗では〝妙法〟という文字を使います。

浄土真宗では〝南無阿弥陀仏〟を彫ります。

文字の組み合わせは、墓石の目的によって違いますし、供養塔、位牌墓などの墓石の種類によって異なります。つまり、文字の表現は供養の目的とか祭祀のよりどころによって大きくかわってきます。ただ、昔の人はくどくどと彫ったりしないで、どちらかというと控えめに小さな字で彫刻し、書体も楷書が多いようです。この頃のように、やたらと看板みたいな大きな文字はどうもいただけません。お坊さんや人徳のある人に書いてもらうのがよいとされています。あまり派手な文字は心も通わず、ありがた味もありません。

「〇〇家先祖代々之霊位」というのは、本来の仏教には霊という観念はありませんが、私たち日本人は、古くから祖霊との交わりの場に石塔をたて、その石塔に祖霊がつくと信じてきました。したがって、墓石を祖先の霊体と考えたのです。ここから〇〇家先祖代々之霊位という言葉が生まれたわけで、位牌と同じ意味を持つ墓石だといえましょう。

また、〇〇家先祖代々之奥津城と印していることがありますが、これは神道でいうアラタマの宮と同じで、いまだ昇華していないアラミタマの穢れを清めるためにまつるのです。

先祖代々之墓とか〇〇家之墓というのは明治以降、人口の都市集中化によって、都会では広い墓地を確保することが難しくなり、また一方、火葬の普及によって、一基の墓のなかに多数の人を納めることができるようになったため、この形の墓が急速に流行してきました。しかし、こうした墓石は宗教的なよりどころがなく、〇〇家の墓所であるという標識にすぎません。ですから、墓相上でもよくないとされています。

墓石は死者の菩提をとむらうために造塔するのであり、如来や妙法蓮華経がまつりの主で、死者はそれぞれの仏様によって成仏するのです。結果的には、先祖代々をまつったには違いありませんが、仏の浄土に死者を送るということからいえば「為〇〇家先祖代々菩提」とか「供養」と表現するのが正しいのです。

戒名

戒名はもともと仏弟子になったしるしとして、俗名の代わりに与えられたものです。戒律を守る仏道修行者に与えられる名なので戒名というのです。けれども現在では、人の死後僧職者によってつけてもらう名を戒名とよんでいます。

生前、仏道も修業せず、その自覚もなかった者にまで戒名がつけられるのには理由があります。人は死ぬことによって煩悩を断つことになるので、結果として仏道修行者が備えていなければならない条件を満たすことになります。このような側面を重視して、戒名が与えられるのです。

このように戒名をもらうことは、仏道修行者としての資格を得たことになります。つまり、成仏するための条件を備えることになるのです。ですから、もし死後、戒名をもらわずに放っておくことは、死者が成仏できないまま迷い続けなければならないことになります。

戒名は、宗派によって呼び方がかわります。浄土真宗では授戒をしませんので「法名」、日蓮宗では「法号」と呼んでいます。この戒名、法名、法号は、昔から死者や遺族の身分によって名づけ方、格づけが何段階かに分かれています。

いちばん格式の高い戒名は「院殿号」で、××院殿○○○○大居士（女性は清大姉）といったぐあいにつけられます。院殿号は昔は大名、家族、高位高官の人やその夫人のみに限られておりました。現在でも住職が一代のうちにこの戒名を授けるのは一人か二人といわれるほどで、滅多に授けられない戒名です。

院殿号の次にランクされるのは「院号」で、××院○○○○居士（大姉）で、昔は高禄をとる武士やその夫人などに授けられる戒名でした。現在では、原則として寺院や社会に貢献した人に授けられます。

もともと、院号や院殿号つきの戒名は一院を持つ人という意味であり、生前に菩提寺で授戒を受け、戒名を授かっていたのです。近頃は、生前の徳行などは考えず、お布施の多寡によって院号つきになったりしていますが、これはまことに残念といわねばなりません。

次は「信士（信女）」で、○○○○信士（信女）という戒名です。一般庶民に授けられる戒名としてもっともポピュラーです。

また子どもの戒名には「童子（童女）」を戒名の末尾につけ○○童子（童女）といったように名づけます。死者が赤児の場合は「孩児《がいじ》（孩女）」で、○○孩児（孩女）とつけます。

たまに見かけることがありますが、僅か五、六歳の子どもに院号がついている戒名がありますが、戒名の重さに親心とは逆にその子は苦しむことでしょう。

以上は原則ですが、そのほか宗派によっては戒名の末尾に禅定門、禅定尼、善士、善女、嬰士、嬰女、水子（流産、死産児）などとつける場合もあります。

戒名は死者の社会的地位、遺族の経済事情にふさわしいようにつけてもらうべきでしょう。特別な格式の高い戒名をつけてもらったからといって、死者が成仏しやすくなるとは限りませんし、また、あの世で特別なはからいを受けるものではありません。仮りに格式の高い戒名をつけてもらってもその後、死者への供養を怠っていたのでは、遺族の虚栄心を満足させただけのこととなりましょう。それでは、正しい意味での先祖供養にはなりません。

おくり戒名

亡くなった当時はそれでよかったが、追福追善のために供養塔などをたてる場合に、もっとよい戒名をつけたいと思うことがあります。また、父が早死にし、母が苦労の末に子どもを育て、その子どもが成功したような場合には、母だけによい戒名がつけられ、早死にした父が、母よりも格の低い戒名のままでいることがあります。こうした時に、お坊さんに戒名の昇格をお願いすることになります。こうしてあとから付け直してもらった戒名を〝おくり戒名〟といいます。

戒名は金で買うものではなく、本来は故人の生前の徳（善行）によって授かるものですが、生前、故人が仏教や寺院に貢献できなかったので、遺族が「このお金でお寺のお役にたててください」との趣旨から差し出すお布施に応える意味で「おくり戒名」をもらうことができるのです。

戒名を彫る順位

先祖代々の墓石は一基でも、祖先を供養しようという時は、戒名を彫らなければなりません。「一本しか石碑がないので、そこへ戒名を順次彫っていけば、やがて彫る場所もなくなるから彫らない」という人もいますが、これでは何のために建てたのか、意味がわからなくなります。

戒名がなくては、誰をまつっているのかわかりません。墓石には必ず戒名を彫ってあげるのが死者への礼であり、それが先祖供養というものです。

第一、ひとつの墓石が戒名でいっぱいになるには、二、三百年はかかります。その間、一度も墓石をたてかえないと決めてしまうことは、すでに自分が子孫を信じていないということです。墓石は何度たてかえてもよいのです。むしろ、そうすることが、子孫繁栄と家の永続につながることになるのです。

伊勢神宮は二十年ごとにたてかえて、遷宮をします。むしろたてかえることによって、古代から現代まで永続しているといえるのです。

彫る場合は、向かって右側面より順に彫り、後面へと彫っていきます。この場合、右側が上座です。その面の右肩から最初に「為○○家先祖代々菩提」と記し、弔いあげ（三十三回忌もしくは五十回忌）のすんだ祖霊はこのなかにふくめてまつります。あとは、弔いあげのすまない故人を相続順位に彫っていきます。夫婦を単位とし、子どもその他も、その順位で並べます。ただし、相続者以外は左側面に刻むようにします。

ただ、死亡の順位と相続の順位は一致しませんので、その場合は、あとで入れるように空けておきます。

死亡順位に戒名を刻むことは、親より先立ったホトケの不幸をいつまでも墓石にとどめることになり、ホトケもうかばれません。

夫婦位牌墓に戒名を彫る時は、夫の戒名を右に、妻の戒名を左に彫らなければいけません。先妻と後妻とをまつる場合、よく真中に夫を、両脇に先妻と後妻が並んでいる墓石を見かけますが、これは戒名を彫ることよりもむしろ、そのまつり方に問題があります。

死亡年月日・俗名・年齢

戒名に続けて死亡年月日、俗名、年齢を彫ります。なかには俗名だけを並べている墓石がありますが、これはよくありません。必ず死亡年月日は入れなければなりません。死亡年月日は、あの世にいつから入ったかという記録です。

いってみれば、あの世の戸籍に登録される日付です。

生存者を記す時は戒名だけを入れ、それを朱墨でしるして生者と死者の区別をしておきます。実際に埋葬される時にはその朱を消します。このように生存中に墓石に名をつらねると、長生きすると昔からいわれています。

生存中にお墓をたてることを仏教では「逆修《ぎゃくしゅ》」といっています。逆とはあらかじめの意味をあらわし、生存中に死後の法要を行えば大いなる功徳が得られる、と説いている経典もあります。そのため平安時代の中期から、上流社会の間で盛んに逆修が行われはじめました。戦国時代に入ると、武士の間で「逆修墓」をたてることが流行したといわれています。

これは、戦死することに備えての武士のたしなみとして行われたのですが、同時に、無事生還を期すための呪術でもあったようです。夫婦そろっての逆修墓は「一度死んでこの世に生まれかわり、あなたの最期をしっかり見届けます。そしてあとから参ります」という愛情の発露ともいえましょう。

神道の墓を除いて、一般には、俗名で祖先をまつることはよくありません。俗名のままということは、いつまでもこの世への妄執を残すことになり、故人も成仏できません。

近頃は有名人などの場合、また生存中に墓をたてる時など俗名で墓をたてているのを見かけますが、この世にやり残した仕事や相続の不安からくる生への執着心を露骨にあらわしているようで、感心しません。こういう墓は、最初から無縁墓になっていく運命にあるといえます。

施主名と建立年月日

施主名と金を出して墓石をたてた人は、必ずしも一致しません。施主とはその家の相続人であり、墓塔を供養し、布施をする主人です。金を出して墓石を作ったからといって、施主になることはできません。

兄弟がみんなで金を出し合って両親の墓をたてることは、よくありますが、この場合も兄弟の名前を列記するのではなく、施主名は祭祀の相続人だけにします。相続人以外の名を列記することは、相続の乱れを生じ、家の繁栄を妨げます。

建立年月日も施主名と同様に、墓石をたてた日時だと思っている人が多いようですが、そうではありません。正式には「維時《これとき》昭和○○年○月建之」と彫刻します。これはどういうことかといいますと、無事に葬儀をすませ、相続はもとより、追善供養、納骨と、故人を円満に浄土におくりとどけるということはたいへんな一つの事業ですから、この事業をめでたく成し遂げて、ここに墓石もたつようになりました、ということで「維時」という言葉が使われているのです。

言い換えると、相続人がほんとうに相続したという確定日付が、建立年月日ということなのです。それは遺族が円満に遺産相続、祭祀相続を終わったという証拠です。ですから、できるだけ早く、家督相続が確立したことを故人にも確認してもらい、安心させるためにも墓石の建立は早いほうがいいわけです。

■先祖まつりに不可欠な祭具

多くの人は墓をたてようとする場合に、墓石本体についてはいろいろ気をつかっていますが、意外となおざりにされているのが祭具です。

先祖供養とは、死者に対して生きている人のように仕え、奉仕することです。祖先に食物と水を供え、香をたき、周囲を清めて、花を生け、燈明をあげます。そのための用具を祭具といっています。ですから、祭具は、先祖まつりには不可欠といえます。

ふつう祭具は、花立て石が一対あり、水鉢と線香立てが一つ石になっていま す。京都式のように、上台石に水鉢を彫っているものや、供物をあげる供物台を別作りにしているものなど種々雑多ですが、ほんとうに祭具としての機能を持っているものは少ないようです。供養祭祀が目的なのですから、祭具を軽くみてはいけません。祭具も備えていない墓石は、真の意味の墓とはいえません。

香立て石

ゆらゆらと香の煙が立ちのぼる。その煙にのって、祖霊は私たちのところへやってくる。祖霊は自由にどこへでも飛来し、子孫の都合のいい時、いい場所にあらわれて、私たちを守り助けてくれる――こう日本人は信じてきました。

香をたき、祈りのお経を読むことによって、死者の穢れが清められ、荒霊が和霊《ニギタマ》になり成仏することを願ったのです。死者の枕元で線香をたくのは、死臭を消し、空気を清浄化するためであり、死の穢れをはらう作法といわれています。仏は清浄な浄土に住み、汚れた俗界には来迎しませんから、香をたいて清めるわけです。

香立て（線香立て）

『不動経』に「香の煙は天に昇り、天より天下る大日大聖不動明王」とありますが、香の煙が天に昇って天と地が真に仏国土となれば、神仏は日、月、星辰とともに一体となり、浄土の世界があらわれ出るといわれています。

神官は神を迎えようとする時、御幣をつけた榊の枝を左右にふってお祓《はら》いをしてから、ウウーッと三回唸り声を発して最敬礼します。空気を祓い清めたのちに、神を呼び出すわけです。仏前で香をたくのも同じ意味を持っているのです。線香は墓を清める浄化剤といえましょう。

お墓にお参りする人が多ければ多いほど先祖も喜びますので、香立て石は線香がたくさんたてられるようでなければなりません。五、六本たてると、もういっぱいというのでは情けない話です。線香が豊かにたっているということは、一族の強大さと家運の隆盛をあらわしています。最初から貧弱な香炉は、未来運も貧弱だということになります。雨の日にも濡れない豊かな線香立てをそろえるようにしたいものです。

水鉢

臨終の時、末期の水を口に含ませ、そのあとで近親者が湯灌をします。湯灌は、死者の身体を拭き清めて清潔にすることです。

日本の神話に、イザナミノミコトが死んで、夫のイザナギノミコトは黄泉《よみ》の国へイザナミを訪ねて行くと、そこはものすごく穢れた汚い世界だったので驚いて逃げ帰り、自分の身体についた死の穢れを川の中へ飛び込んで洗い流したといわれています。これが〝みそぎ〟の始まりとされています。神社に参拝する時、手水鉢で手を洗うのは、この〝みそぎ〟の名残です。

インドでも、仏教徒は聖なるガンジス川で身を清め、すべての悪と罪を洗い流します。まさに川の水は聖水なのです。

私たちはお墓参りした時、墓石に水を注ぎますが、これは荒霊を浄化して祖霊にするためです。死者の穢れを洗い落とすのです。供養とは、死者に対し、生ける人に仕えるようにすることだと前にもいいましたが、墓石は苔むして古くなるほど歴史の深さを示していてよいかもしれませんが、いつも清潔に保つことが供養です。まず墓石を水できれいに洗ってから、清い水を水鉢にたっぷり満たすようにしたいものです。

無縁墓の水鉢は、たいてい水が涸れていて、まるで石の干物をみるような思いがします。たまに雨水がたまるとボウフラの巣になったりしていて、侘びしいかぎりです。近頃は水溜めに砂を入れたり、ガラスのコップや湯呑み茶碗を置いているのを見かけますが、カラスや鳥がきて、いたずらをして割ったりするおそれがあります。

そこで、よい水鉢とは、倒れたりしないで、掃除もしやすい、割れにくい形式のものがもっとも理想的だといえます。

花立て

いけ花といえば嵯峨末生流、池坊、草月流などいろいろありますが、これはもともと仏前に献花する作法が発展したものだといわれています。娘がいけ花を習うのも、やがて嫁ぎ先で仏前に花を手向けるための準備なのだ、と考えるのが本旨です。祖先への祭祀の時に心が通うように、と習うのがほんとうです。その考えで、花は墓前でも美しくいけてあげたいものです。ただ花入れに花をつきさしただけでは、心は通いません。ハサミの一つぐらいは持参する心がけがほしいと思います。

花立て

切り花自体は、死者のほうに向けず、生者の側に向けていけます。これは死者と生者が一体となって、相互のきずなを確認し合う意味が含まれています。

花立ては花がまっすぐにたてられ、水もたくさん入るのがよいでしょう。冬は水が凍って花立てがよく割れますので、その点も改良され、掃除もしやすい花立てを選びたいものです。

ロウソク立て

人間は、火を発見した時に人間になったといわれます。火は人間が生きていることの証しです。そして燈明はあらゆる罪業を焼き尽くし、いっさいの穢れを燃えつくして、霊魂を浄化させます。また、燈明はいくらその火を分け与えても減りません。これは燈明の徳というものです。人の心に正しい燈明を点じ、正道をすすめる仏法は、まさに燈明のごとく尽きることがないわけで、これを燈明無尽といいます。

人々に慈悲の心と永遠不滅の生命を教えている比叡山根本中堂の〝不滅の燈明〟は、千年の間、消えたことがないといわれています。けれども、その燈明も、代々油をそそがなければ消えてしまいます。これが伝燈相続です。家の永続を願い、子孫の繁栄を願うなら、伝燈相続の力をかりなければなりません。

これが燈明をあげることの意味です。最近では、灯明を灯すためにいろいろと改良を加えたものもあります。

ロウソク立てはお墓に必須の設備です。風にも消えないロウソク立てによって、生まれ変わりのために祖先が失った生命の燈明、死の穢れを払ってくれる燈、伝燈相続の子孫が供える燈明の火を絶やさないようにしたいものです。

■霊碑（副碑）のあり方

祖先まつりを一基の墓石にまとめ戒名を彫らないようにして、墓石の横に霊碑とよばれる副碑をたて、戒名、死亡年月日、俗名、年齢を記入することがあります。

この副碑は、本来はすぐれた聖者に対してのみたてられたもので、その聖者

霊碑（墓誌）

の経歴を書き、生前の徳をたたえるためのものでした。それが今は、墓石に戒名を彫るといっぱいになってしまうので、こうした霊碑を設けるようになったのです。一種の墓誌とでもいうべきものです。けれども考えてみると、これでは供養塔を拝むのか、霊碑を拝むのか、その対象がわからなくなります。

霊碑を拝んで本体をおろそかにすることになりかねませんし、これでは主客転倒もはなはだしいことになります。死者の戒名はあくまでも、墓石本体に彫ってまつってあげたいものです。

納骨の仕方

火葬場で遺体を荼毘《だび》にして、遺骨を白磁の焼き物に入れ、家の祭壇に安置し、すべての儀式が終わると、納骨ということになります。

本来、納骨とは、この骨壺から焼骨を出して土に帰すことです。壺は遺骨を墓地へ運ぶための容器にすぎません。ですから、納骨のあとは二度と使えないように割ってしまったものでした。

もともと、日本人にとって墓は死者の霊の安らう場所であって、お骨の収納庫ではありませんでした。ところが、火葬の普及によって、好むと好まざるとにかかわらず「お骨」という物質が残るようになりますと、それに霊が宿っているかもしれないと思うようになります。そして、この風葬時代とはまったく異なった霊肉観が、墓のあり方をかえてしまったのです。しかし、一時代前までは、日本人はそれほどお骨というものに執着しませんでした。納骨は、高野山なり、善光寺なり、大谷本廟にしたのであって、そのような所では、骨庫がいっぱいになれば焼くか、埋めるかして土に帰してしまっていたのです。そして、そのことを私たちは別に気にもしませんでした。

ところが近頃は、カロートという納骨堂（石棺）に壺のまま納める人が多くなってきています。なるほど、いろいろな事情で故郷を離れる人が増えてきていますし、その場合に、お骨が壺にあるほうが安心感が持てることもわかります。墓を移す時にお骨を持っていけるからです。

しかし、私たちが墓地を求めるのはあくまでも死者を土に帰すためであり、遺骨を永久保存するためではありません。墓は何度もいうように家の根です。先祖がその土地に根づいてこそ、子孫もその地に根をはり、巣を作り、繁栄することができるのです。死者が土に帰れないとホトケも迷い、子孫も迷うことになります。

ですから、お墓を移転する場合には、土に帰ったお骨、すなわちお墓の土を採取すればよいのです。

そこで、これまでのような水がたまりやすいカロートはやめて、墓石の基礎石の部分を納骨堂にして、埋葬部分には清浄な土を入れ、その下にお骨を壺から出して埋め、自然に土に帰るようにする方法がよいのです。そして、そのとき同時に、このなかに家族の写経石を納めるのです。こうすることによって、納骨堂はたんなる遺骨収納庫ではなく、仏の住まう浄土となることができるのです。

　こうした根のついた墓こそ、家族の心のよりどころとなり、一家繁栄の中心になることができるのです。

墓参りの順序

　どんなに幸運を呼ぶ吉相墓をたてても、たてっぱなしでは、せっかくつかんだ幸運も逃げていきます。吉相墓をたてるのも祖先に感謝する心のあらわれであり、あくまで追善のためなのですから、一番大切なことは、日常不断にその心がけで生きることです。ですから、墓参りはお寺参りと違って信仰ではありません。それは子孫としての義務であり、相続人たる者の役目なのです。

　墓参りにあたって大事なことは、お参りの順序です。寺院墓地の場合は、まず第一に本堂からお参りします。日頃、自分たちの先祖の霊を守ってくださっているご本尊に感謝の気持ちを捧げるのです。

　それから、六体地蔵にお参りします。六体地蔵は地獄、餓鬼、畜生、修羅、人間、天の六つの世界をあらわしたもので、墓地の入り口にたっています。死者がお墓に入るのを迎え、死者の生前の行いによって、死者をそれぞれ地獄や極楽などにふり分ける役割をしているといわれています。ですから、自分の先祖が公正な裁きを受けられるようにと、六体地蔵を拝むわけです。

次に、無縁仏の供養をします。どこの墓地でも何体かの無縁仏が必ずあるものですし、寺院にはたいてい無縁仏や無縁塚がありますから、それを供養するのです。今は無縁となっていても、それらは、かつてはその土地の有縁のホトケであり、その土地の先祖なのです。ですから無縁仏を供養することは先祖を敬うのと同じで、大きな功徳になります。

どんなに小さな功徳でも、それを積むことによって、先祖の霊は成仏し、浄土へ行けるのです。墓参りとは、そうした徳を積みながら行うのがほんとうの墓参りなのです。何一つ功徳も積まずに、ただ形式的にお参りするのでは意味がありません。

最後に、自分の家の墓へのお参りですが、最初は墓石をきれいに洗い清めます。苔などはとくに念入りに落とすことです。この場合もまず、先祖のお墓から始めます。このさい、墓石にキズがあるかどうかもよく調べてください。

墓石の次は墓地の清掃です。雑草が生えていれば取り、水たまりができていれば土を入れ、陽当たりが悪くなっていれば枝を刈り、とにかく心を込めてきれいにします。

こうしてお墓の掃除が終わったら、次は墓前供養です。お線香をたき、美しい切り花をさしあげます。これについては祭具の項で詳しく述べましたので、ここでは省略します。

生前故人がお酒が好きだったということで、お酒をかけたりすることがありますが、墓石の色が変色したりするのと、蟻や虫がつくのでよくありません。墓地内の土の部分にまくか、周囲の土の所にまいてください。これは、餓鬼の施しにもなることです。

ただ、お墓掃除は家族全員がそろってやることが最大の供養になりますので、できる限りそうすることです。

位牌の種類

位牌とは、死者の戒名を表に書き、裏に俗名・死亡年月日・死亡年齢・家族関係などをしるした木碑で、仏壇や寺院に安置してまつるものです。位牌は、故人の霊の象徴ともいえます。したがって丁重に扱わねばなりません。

位牌の由来は、昔の中国で儒教の教えにもとづいて故人の生前の官位姓名を記した木碑を祖廟にまつる習慣があったのが、仏教に取り入れられたものであることは間違いありません。

それ以前は、日本人は死者そのものは遠ざけて、その霊魂だけをまつる民族なので、常磐木の枝を霊の依代《よりしろ》（霊代）としてまつり、これを斎木《いわいぎ》といっていたところから「いはい」の名が生まれ「位牌」の文字をあてたのだと思われます。

日本では鎌倉時代の頃から普及し始め、江戸時代になって一般庶民の間でも広くまつるようになったといわれています。

位牌には、礼位牌とくり出し位牌があります。礼位牌とは故人一人用の独立した位牌で、黒塗りのものや金箔のものなどがあります。これに対してくり出し位牌とは、ひとつの位牌のなかに十枚ほどの板片が入っていて、そのそれぞれに戒名が書き込めるようになっており、祥月命日《しょうつきめいにち》（死亡年月日）の順に重ねておくことになっています。

葬儀の時、白木の位牌が用いられますが、野位牌ともいいます。野辺のおくりに喪主が胸元に掲げて持参することになっています。この白木の位牌は仮りのものであって、忌明けの四十九日までしか用いません。四十九日が明けたら菩提寺に納め、あとは礼位牌やくり出し位牌にして仏壇におまつりします。

過去帳とは、寺院で檀家の死者の戒名・俗名・死亡年月日・俗縁などを記載しておく帳簿のことです。のちに各家庭でも過去帳を備えるようになりました。清和天皇の時代に、慈覚大師が、檀家の死者の俗名・戒名・死亡年月日を記した帳面を作り、寺院に保存して回向したのが過去帳の由来である、といわれています。

■正しい仏壇のまつり方

仏壇は家のなかに設けられた「小さなお寺」であり「小さな墓地」です。昔は仏間といって「小さなお墓」を招じ入れるのにふさわしい静かで落ち着いた部屋をとくに作ったものです。

けれども住宅難の今日、仏壇を新たに購入される人のなかには、団地やマンション住まいをされている方もいることでしょう。そのような方たちは仏間をとくに作らないまでも、仏壇を安置する部屋はできるだけお経を読むのにふさわしい部屋を選ぶべきです。仏壇はふつう東向き、南向き、東南向きがよいとされていますが、それぞれの家の都合もあると思いますので、大凶相とされている北向き、西向きから少しでもはずれるように安置するようにすればよいでしょう。

仏壇の内部に備えなければならない仏具は、宗派によって差異がありますが、①ご本尊、②位牌、③茶台＝茶湯または水を供える器物、④仏飯器＝ご飯を供える器物、⑤高坏《たかつき》＝ご供物を供える器物、⑥常花《じょうか》＝金属製の造花、生け花を供える際は生け花立て、⑦香炉＝香をくべる器物、⑧燭台＝ロウソクを立てる器物、⑨前香炉＝線香を立てる器物、⑩線香差し＝線香を置いておく器物、⑪過去帳、⑫お経本（各家庭で唱えるお経は「日用勤行式《ごんぎょうしき》」といった各宗派の本山、仏具店で入手できます）、⑬輪《りん》・数珠などです。

仏壇の飾り方は、仏壇の大きさによって異なります。三段式の場合は、上段中央にご本尊、左右に脇侍、次の段の左右に位牌を置きます。その場合、右に先祖、左に子孫というように置きます。さらに下段の中央に向かって右から高坏、仏飯器、茶台、高坏（高坏は一対）の順に並べ、下段の向かって右から輪、燭台、香炉、前香炉、線香立て、生け花立ての順に飾ります。詳しくは仏具店、菩提寺の住職に教示してもらうとよいでしょう。が、最近こんな事例がありました。ある有名な仏具店に行き、行年と享年について尋ねたところ、行年が数え年で享年が満年齢であるといわれたとのことです。何となく知らないと感心させられてしまうかもしれませんが、売らんかながこういうことをいわせるかと思いました。

仏壇は「一に掃除、二に看経《かんきん》（読経）」といわれています。仏様や先祖の位牌が安置してある場にホコリがたまることのないよう、絶えず気をつけてください。

仏壇での先祖まつりは、まず起床後、洗面をすませたら、仏壇の扉を開け、ロウソクをともし、線香を立てて、仏飯やお茶、あるいは水を供えます。線香をあげる本数は宗派によって異なります。真言宗では三本を一本ずつ離して立て、臨済宗では一本、他の宗派ではとくに決められておらず、三本以内でいいと思います。マッチまたはロウソクの火から点火した際、線香の炎を息を吹きかけて消さないことです。掌か、ロウソク消しのうちわであおいで消してください。

できれば、家族全員が仏壇の前にそろって合掌礼拝し、お経をあげることが望ましいのですが、それぞれ事情があって、なかなか家族全員が顔をそろえにくいものです。そこでせめて、一週間に一度は家族がそろって仏壇に礼拝するようにしたいものです。家族はいうまでもなく、先祖からの生命の流れを受け継いだ者たち同士です。お互いの気持ちのつながりを深め、心を清める機会でもあるのです。

お経をあげる作法は各宗派によって異なり、また専門の僧侶が行うように作法通りにお経をあげるのは一般の方々にとっては難しいし、必要もないかと思います。誰でもできるごくふつうの作法をお教えしますと、まずリンを鳴らし、読経します。そしてお経の終わりにまたリンを鳴らし、合掌・礼拝するのです。最初のうちは、あまり形式にとらわれないほうがいいかと思います。大切なのは、お経を唱えるという行為なのです。

お経の一字一句の意味は難しく、なかなか理解しがたいものです。けれども、わからないなりに唱えていても、心は落ち着き、清まっていくものです。読経することは、み仏につかえ、おのずから先祖を供養することとなるのです。

できることなら朝夕、仏壇の前に坐るようにしたいものです。魂は清められ、雑念に心を奪われるようなことがなくなっていきます。そのような状態になれることを喜んでおられるのはみ仏であり、先祖なのです。つまり、み仏と先祖にお経をあげる行為は、自己自身の向上、浄化をうながすこととなるのです。

筆者制作による、宝篋印塔、宝塔、五輪塔、地蔵尊。
いずれも灯明立て供物台がついている。

宝塔

宝篋印塔

地蔵尊

五輪塔

第四章　まだまだあるお墓の話——写経、動物供養、他

写経はいうまでもなく、印刷手段のない時代、仏の教えを広めるために経典を筆写したことに始まります。日本では、天武天皇の時、川原寺に書生を集めて、一切経を初めて書写したといわれています。奈良時代には写経所が設けられ、写経事業が大々的にすすめられました。

その後、印刷技術の発展とともに、経典も次々と出版されるようになりましたが、多くの経典で写経の功徳が説かれたため、読経とともに広く庶民の間に浸透しました。『法華経法師品』にも「経典を常持して読経するとともに写経すれば大願が成就する」と説かれています。

写経は一字書くごとに合掌し、祈りの心を込めて書かなくてはいけません。写経は何百年後も確実に残り、お経の心は語り継がれていきます。

写経の材料は半紙でも河原の小石でもいいのですが、すべてきれいなものでなければなりません。筆、硯、墨は新しいものを使い、水は清浄な霊水が望ましいものです。

仏壇の前で、線香を立て、ロウソクを点じ、机の上に清らかな半紙を広げて

←幼ない子どもが写経する。
↓文字の書けない子どもが手形を写経のかわりにした。この無心が先祖に届かぬわけがない。

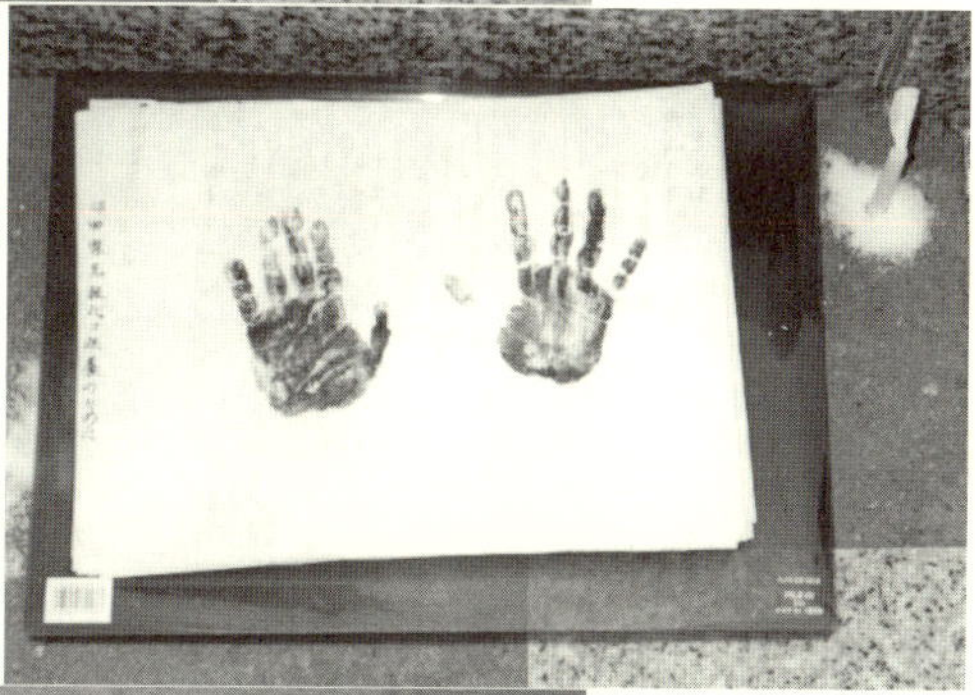

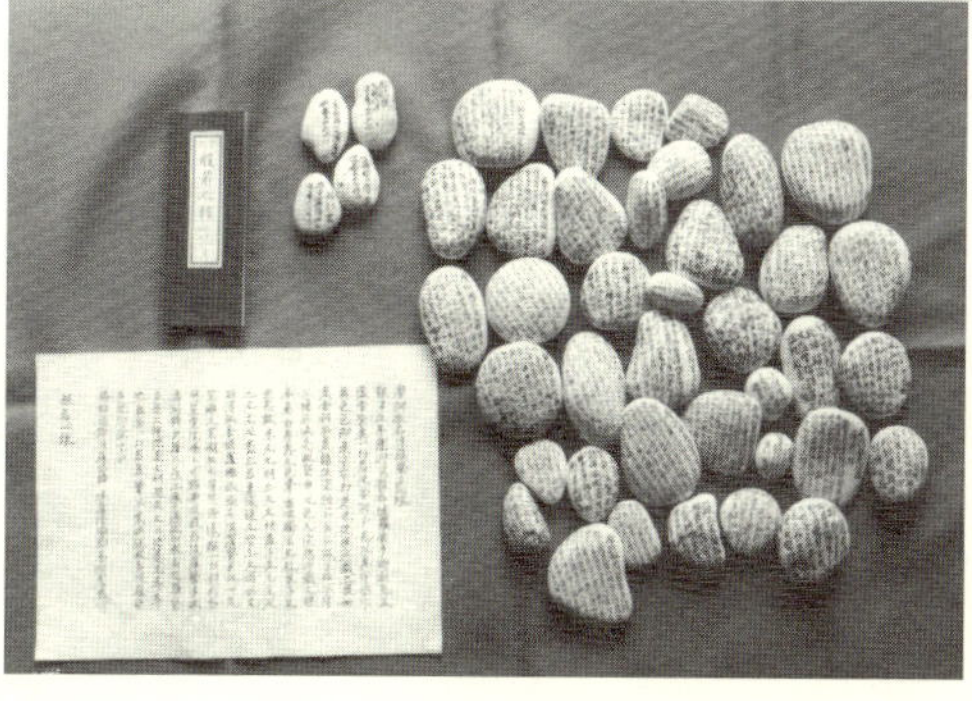

←浄書された写経、追善のために経徳を添える。
（経写経と小石写経）

や首にかけます。

数珠を置き、その環のなかに小石を置いて、表も裏もないように一面に書きます。石が小さい場合、一字一石のこともあります。半紙に書く時は、数珠は手

できあがったものは仏壇か清浄な場所に供え、毎日それを拝んで読経します。写経はできるだけ家族全員で行い、子ども参加させたいものです。成人した時にそのことを思い出して、自分の子どもに語り伝えることになります。これが一家の永続ということであり、家運隆盛の原動力です。

墓に納経する時は遺骨とともに埋めます。とくに遺体のない場合は、この写経を遺骨として埋納することがもっとも故人の功徳になるといわれています。

なお各宗派によって経典が違います。一般的にはもっともポピュラーな般若心経の写経が行われていますが、我が家の宗旨にあったものを選ぶべきでしょう。

ちなみに天台宗は、朝題目の夕念仏といわれますが、法華経（自我偈）般若心経、観音経がふさわしいものです。

真言宗は般若心経、浄土宗は浄土三部経が経典となっていますが、南無阿弥陀仏の六字名号を繰り返し、繰り返し写書するか般若心経で。臨済宗曹洞宗は般若心経、浄土真宗は正信偈または六字名号。日蓮宗は自我偈またはお題目で。

動物の供養

狂牛病は「天誅である」。

今、食肉生産販売に関わってきた人々は、その心の片隅に後ろめたさを持っているに違いないのではないでしょうか。

牛、豚をはじめとする、私たち人間の食生活の犠牲に、これほど明白にただ人間を生かすためだけに、なっている動物は他にないのではないでしょうか。人家の一隅に人間と一緒に生活し、農耕に従事していた昔は、村の辻々に馬頭観音がたてられ、そのまつりが小規模であるだけに、各々の牛馬に対する供養も行き届いたものであったはずでした。しかし、農作業に不要となった現代では、まったく科学依存で現代病に犯され、もっともその恩恵に浴しているはずの人間は、その罪の重さに気づきません。人間の智慧の生んだ科学の進歩が、人間を限りなく奢りたかぶらせてしまったのではないでしょうか。

人間の供養ばかりでなく、動物の霊も供養しようという美しい心は、古くからこうした馬頭観音や牛供養塔となって、全国各地に残っています。これは、日本人が本来持っていた霊魂観と仏教の不殺生の精神とが結合して生まれたものです。人間が生きていくためには、好むと好まざるとにかかわらず、物言わぬ動物や魚鳥を犠牲にしなければならないというのは、人間の原罪というべきものです。とくに最近の食生活の変化によって、殺生の罪はますます重くなってきております。こうした罪に対して平気ではおれない心は、理屈や合理主義を超えた人間愛であり、宗教とはそのような人間愛で暖かい人間関係を作っていく人間独自の働きだ、ということができます。ですから、牛や馬のために供養をしてやることは、もっとも人間らしい宗教的実践の一つであるということができます。

酪農や養鶏などが農村では盛んですが、こうした生産者の方たちは、自分たちが日頃、そのお陰をこうむっている動物たちに感謝する供養塔の一本くらいはたててやるくらいの気持ちを持ってほしいと思います。

それでもまだ気づかない、自然を利用しているという者へは、逆に自然の恩恵を受けているということで、現代人の奢りたかぶりを見れば、天誅を下されても不思議ではないと思いませんか。

エイズ、アメリカの同時多発テロ、政治、経済……、まだまだ私たちの身の回りには多くの神の啓示が出てきているのです。

↑畜霊供養の最灯護摩　↓山と積まれた牛の鼻ぐり（鼻輪）

さらに近頃は都会地で、犬や猫、小鳥などの愛玩用の動物の飼育も盛んです。核家族化が進み、人間の孤独化がつのっていく鉄筋コンクリートの建物のなかで、ペットは人間の心を休ませ、楽しませてくれる家族の一員であり、友達ですが、死んだ場合には、どうすればいいのでしょうか。

幼い頃私たちは、自分の飼っていた金魚や小鳥が死ねば、空地の片隅に小さなお墓をたててやり、草花をとってきて飾ってやりました。けれども、都会地では、今はそんな空き地もほとんどありません。

家族同様に可愛がっていたペット動物のために、最近は寺院や霊園でも動物用の墓地ができたことは、その意味でたいへん結構なことだと思われます。たとえ犬猫であろうとも、生命あるものの死を悼むやさしい心がけが、親を大切にし、友達を信じ、祖先を敬う、人間らしい心情を育てていくのだと私は考えています。

だからといってそのまつりは、人間のまつりではないことを頭に入れておくことです。

ついでながら、とくに食肉関係の方々へ紹介しておきますが、岡山に福田海《ふくでんかい》という宗教法人があります。百聞は一見にしかず、通称「鼻ぐり塚」として知られています。行ってみればまさに牛そのものの供養がなされています。実に七百万個に近い牛の鼻ぐりが二階屋のそれほどに高く積まれ、日々その供養がなされています。大正二年十二月に始まり、今日まで続けられ、それは全国に類を見ない動物供養の極まったものといえるもので、ぜひともとくに食肉関係の方は、随縁されることをおすすめします。

ちなみに所在地は、
岡山市吉備津七九五
宗教法人　福田海（通称「鼻ぐり塚」）
電話〇八六―二八七―五七〇四

■事業発展の根会社墓

日本の霊場ともいわれる比叡山や高野山に行くと、わが国を代表する大企業の会社墓が林立しています。

その意とするところは、個人の家の根は先祖の墓であるところから、法人格

会社墓

としての先祖の根を持つということです。そこには、今の繁栄をもたらした創業者、歴代社長、そして苦楽をともに今日を働き出した社員の血と汗が、報恩と感謝のあらわれとして、具体的にまつられています。

具体的とは、たんに気持ちで感謝をあらわすということではなしに、形としてはっきりあらわし、相手に伝えるということです。

私は俗な表現ですが「百の経より一個のダンゴ」とよくいいますが、心で思うだけでは駄目なもので、そこには行《ぎょう》という一つの形にあらわれたものがなければ駄目なものなのです。法・力・財という三つの布施がともなって、はじめてまつりや供養の条件がそろうもので、重ねていうことですが、心だけでは供養は成り立たないのです。

多くの社員を抱え、大なり小なり会社を経営する社長という方々には、釈迦に説法といえましょうが、先師の教えによって、大企業の労使問題が解決したという事例はいくつもあり、会社の根をまつるという因がそれなりの果を生ずることの証明ともいえましょう。

要注意！　養子の家系の先祖まつり

養子相続とは家の接ぎ木のことです。

別な考え方でいえば、家の若返りということではありますが、接ぎ損なうと養子やその子が夭逝したり、台木もろとも枯れてしまう危険をはらんだものです。生体移植の拒否反応で、普通、梅の木に松の接ぎ木はでき得ないだろうし、血液型が違うと輸血できない原理です。仏教では因果を説いていますが、物事はすべて原因と結果で成り立っているのです。

私たち人間もそうです。両親が子どもを作ることが原因となり、結果としてまた子どもが産まれます。両親が因で子孫が果であることは、顔も知らない名前もわからない遠い遠い先祖から、脈々と血が明白に流れ続いてきているということです。

それがある時に絶えることから養子相続をすることになるのですが、別の血の流れが、別の血と結合するのですから拒否反応を起こさぬように充分注意しなければ危険なことなのです。概して、養子相続の家では、子孫の夭逝や若死にが多いのも事実です。因果である以上、先祖とのつながりは、なじみにくいものなのです。

家名家産の相続より以上に、もとを重視することで、それを援けるのは先祖のまつりにほかなりません。養子の家族とはいえ、子どもには完全な先祖です。実家の先祖に礼をつくして許しを乞うくらいでなければならないし、また、形をかえて養子先でもまつること忘れてはなりません。さらに、実家が絶えているとなったら、たいへんなことです。

ついでながら、妻や嫁の実家が絶えた場合も、そのままではやがて子孫に災いが及びます。

ただし、養子の実家での先祖まつりが正しく行われている場合は別です。

第五章　こんな時のお墓のたて方

これまで〝よいお墓の建て方〟として、どんな墓地や墓石が幸運をもたらし、子孫繁栄につながるかを述べましたが、一口にお墓をたてるといっても、人にはそれぞれの事情もあり、家にはさまざまな因縁がからみあっていますので、画一的に〝こうすればよい〟とはいいきれません。

そこで「こんな時は、どうしたらいいか」という時の参考として、ふつうよくみられる基本的なケースを挙げて説明しておきましょう。

■両親の墓

両親は、私たちにとってもっとも身近な先祖です。供養とは読んで字のごとく、供え、養うことです。老いた両親を大切に面倒をみることの延長が先祖供養であり、先祖まつりの出発点です。しかし、生きているうちは両親を大事にし仕えていた人たちでも、この両親の墓ということになると、意外になおざりにしがちです。先祖の墓に合祀してしまったり、ひどいのになると、木塔婆のままでいつまでも墓石をたてないでいる例もあります。これでは、私たちを生み育ててくれた両親は浮かばれません。

本来、家は一組の夫婦によって成り立つものですから、お墓も一組の夫婦を単位にまつるのが本筋です。

墓石の棹石と台石は、たんに台石の上に棹石がのっかっているのではなく、台石にホゾがあり、棹石が台石にはめ込まれるようになっているようにしたいものです。つまり、陰陽の形になっているともいえるでしょう。先に、棹石は男根をシンボル化したものであるといいましたが、これは夫婦和合の姿を形であらわしているのです。夫婦は二世の契りといいますが、お墓はまさにそのことを具現したものといえましょう。

ですから、棹石と台石をセメントなどで密着している墓は凶相とされ、病人が出るといわれています。

したがって、夫婦一組を一つの墓石におまつりすることこそ先祖まつりの原点なのです。

すでに先祖の墓石がある場合、二段台石に棹石をのせた角柱型墓石をたてるのが正しいまつり方です。この時、棹石の正面に父の戒名は右、母の戒名は左に彫ります。

よく家紋などを彫っている墓を見かけますが、あの世とこの世とはまったく異なった世界です。この世のものである家紋を刻むことは、いつまでも現世への未練を残すことになり、亡くなった両親もほんとうには成仏できません。

正しくは、家紋ではなく、わが家の宗旨の本尊をあらわす。種字（ボン字）を彫ることです。

■本家の墓（分家二代目以降）

まず弔いあげ（三十三回忌または五十回忌）のすんでいるご先祖は、先祖代々の霊として供養塔に合祀することです。この場合、世代をとった（家を引き継いだ）夫婦墓で、どちらか片方でもまだ弔いあげがすんでいない場合は、そのまま残しておきます。逆死や水子は石仏でまつります。

■分家初代の墓

分家初代の人は、家族に死亡者が出ると、お墓を新しく作らなければなりません。この場合、自分の家の基礎を作ることであり、子々孫々の運命を決定する重大なことですので、慎重に行わなければなりません。

一般に分家初代がお墓を作るのは、子どもに先立たれたケースが多いものです。こうした場合には、とくに墓石のたて方に気をつけてください。

いかに分家初代で自分が筆はじめだとはいうものの、まず供養塔をたてて両親を必ずまつることです。供養塔のかわりに位牌墓をその位置にたて、○○家先祖代々とする場合もありますが、とにかく先祖をおまつりし、そのあとで逆死墓を作ることです。逆死墓だけがたっているということは、その逆死者が分家の筆はじめになりかねません。

本来、墓は代々の一組の夫婦がまつられるものなのです。

■古い墓地の整理

家が何代も続くと、墓地が墓石でいっぱいになって手狭になってきます。墓地に余裕がないということは、その家はこれ以上発展していく余地がなくなったも同然で、跡とりが育たず、家運も衰微していくといわれています。このような時、一度、お墓を整理するとよいのです。整理にあたっては、次の点に注意してください。

①墓地を整理する前に、墓石に刻んである文字をすべて書き写しておく。さらに、墓地を写真に撮っておくことがよい。

②菩提寺に行って過去帳を調べる。

③仏壇の位牌の戒名などを全部書き写す。

④戸籍謄本を取り寄せて、先に調べたものと照合して、家系図を作成する。

⑤お寺にお願いして、古い墓の霊を抜いてもらう。

⑥家族や親戚が集まって古い墓石の汚れを落とし、きれいに水で洗う。

⑦弔いあげのすんだ古い墓石の棹石（仏石）は、無縁供養塔へ並べて合祀する。この場合、台石はその供養塔の基礎や段石に使用してもかまわない。

⑧墓地を新しく求めて移転する場合は、土葬骨は採骨して供養塔の下に埋めますが、そのまま移転せぬ時は無理に旧墓地の土葬骨を掘らないほうがよい。せっかく成仏の過程にあるホトケを現世に引き戻すようなことはせず、土葬ですでに土に帰っている時は、その墓地の土を新墓地に埋納すること。骨壺に入った焼骨は、そのままでは自然に帰れませんので、サラシの袋に入れかえて、新しい墓地に埋葬するとよい。

⑨移転後の跡地には、紙の写経を埋納し、木の供養塔（角塔婆）を建立者名は書かずにたてておくこと。
⑩移転後（新墓地ができあがり開眼がすんだのち）、旧墓地にはお参りしない。故郷の墓を移転したり、二、三カ所になっているお墓を整理して一つにする場合も、右に準じてください。

■親より先に亡くなった子どもの墓（逆死墓）

親より先に子どもが死ぬことを逆死といい、その墓を逆死墓といいます。十六歳以上でまだ結婚していない場合には、墓地の一番下座に横向きにこの墓をたてます。横向きにするのは、こうした悲しい出来事が二度と起こらないようにという願いも込められているのです。戦死者などの墓にこの例が見られます。これは長男であろうと、次男であろうとまつり方は同じです。

逆死は、親にとっては悲しいことです。しかし、その悲しみのなかには、親としては「恥ずかしい。もっと健康やその他の面で注意してやればよかった」という思いも強いだろうと思います。また、日本的な考え方には、逆死の出ることをたいへんな穢れとする意識も残っています。天寿をまっとうして親、子、孫と世代順に逝くことが一番めでたいこととされているからです。

ですから、特別に逆死墓として、子ども一人の戒名墓などをたてるべきではないのです。しかし、亡き子を思う親の切々たる情愛の念もなかなか絶ちがたいものがありますので、ふつうこのような場合、地蔵尊を建立し、子どもの成仏を祈ります。

分家初代の場合は、子どもの死を機会に墓を作ることが多いものですが、逆死者が先祖の筆はじめにならないようにするうえからも、戒名墓は避けたほうがよいでしょう。

なお、女児の場合は観音像でまつるのが通例ですが、男児と同様、地蔵様でも一向にかまいません。最近では、五輪塔に合祀することも行われています。

気をつけたいのは、先祖墓にまとめてまつる時など、あくまでも相続順位に戒名を刻み、決して死亡順位にはしないことです。親の戒名を彫る場所を上座に空けて残しておくようにしないと、逆死者の出たことを永久に記録することになります。いまわしい事実を悲しみの形でいつまでも残すことのないように、そして鎮魂にふさわしい墓を作りたいものです。

一生独身で死んだ女性の墓

母親が早死にしたりして、姉が母親代わりになって父や兄弟の面倒をみて一生お嫁にも行かず、家の犠牲になった娘さんの例は、よくあることです。いわば、人柱となった人です。こうした女性はとくに大切におまつりしてあげたいものですが、さりとて、世代をとった人々と同じようにまつるわけにもいきません。こうした場合、女性ですので観音様のような仏像を作り、逆死者とは違う位置にまつり、鄭重に供養してあげてください。

先妻と後妻の墓

結婚しても、不幸にして奥さんに先立たれたり、縁がなくて離婚して再婚する場合があります。

このような場合、夫と先妻、後妻を一緒にひとつところでまつることのないように注意することが大切です。

夫を中心とした先妻の家族と後妻の家族とは、血縁的には別々のもので、一個の家に二つの家が同居しているということなのです。ですから、どちらの家の子どもがその家を相続するかが、重要なポイントになってきます。

結論的には、相続したほうの子どもが本家を継ぎ、他のほうの子どもは分家を創立すべきです。そして、日本の慣習として、本家を相続するほうが古い遠祖の供養塔をたて、血のつながっている両親の戒名墓を作り、分家のほうは分家初代に当たる血縁直系をまつればよいことになります。

したがって、分家のほうは、本家にまつっているホトケはまつらなくてもよい、というより、本家にまかせたほうがいいのです。

そのほうが、兄弟の間の精神的葛藤が少しでもやわらげられ、あるいは避けられ、平安に至ると考えられるからです。

先妻、後妻のどちらか一方にしか子どもがない場合は、当然、子が親をまつるということから、子どもが血縁上の両親を位牌墓でまつり、子どものなかった母を別にまつるようにすべきなのです。

中央に父、両脇に先妻、後妻の戒名を仲よく彫った墓石を見かけることがありますが、ホトケにもそれぞれの人格があるはずですから、それぞれの立場を尊重してまつるべきなのです。

水子の墓

水子はもともと幼い子どものことですが、最近では流産、死産、そして人工流産など、いわゆる中絶された胎児のことを意味しています。胎内に宿ったその小さな生命も、やがて生まれ出るものであったのです。誕生を願っていたその子が、親の身勝手な理由によって兄弟の犠牲になり、あたらその生命を摘みとられ、闇から闇へと葬り去られたのでは、その子たちの霊は永遠に安らぎを得られる道理はありません、

「賽の河原」という言葉を聞いたことがあると思いますが、幼児が死んでからおもむく所とされる場所の名前です。親に先立った幼な児の無情なありさまを「賽の河原和讃」は切々とうたっています。

「……一つや二つや三つや四つ、十より内のおさなごが、母の乳房をはなれては、賽の河原にあつまりて、昼の三時のあいだには、大石はこびて塚につく。夜の三時のあいだには、小石をひろいて塔につむ。一重つんでは父のため、二重つんでは母のため、三重つんでは西を向き、しきみほどなる手をあわせ、郷里兄弟わがためと。あらいたわしやおさなごは、泣く泣く石をはこぶなり……」

母の乳房にもすがれないあわれなその子たち……、このままでは、嘆きのあまり母親にとりすがろうとすることは理の当然といえましょう。

けれども、いかに母親といえども、あの世のわが子には救いの手をさしのべることはできません。

こうした場合は、お地蔵様を建立して供養し、慈悲深いその手におすがりするのが一番よいとされています。

その時、まず先祖まつりをしたのち、水子をまつることを忘れないように、墓を序列正しくまつってこそ、功徳も得られるのです。決して、地蔵様を墓地の中央に建てないようにしてください。

若い未亡人が夫の墓を作る

本家筋の場合

近頃は、若いご主人が交通事故などで死亡するということがよくあります。あとに残された若い未亡人の嘆きは、いかばかりでしょうか。こうした場合、お墓を誰の名でたてるかということは、残された家族の将来にとって大問題です。まさに、お墓がその人の運命を決めるといっても過言ではありません。

義父母が健在かどうか、子どもがいるかどうか、その家族構成のよってても異なってきますが、ふつう義父母が健在ならば、義父母に祭祀権がありますから、そちらにまかすことです。義父母のどちらかが欠けている場合でも、残された親の名でお墓をたてるべきです。なぜなら、若い未亡人には再婚が予想されますので、将来の自由を保証する意味からもそうするべきですし、それが親心というものでしょう。

それを未亡人の名でたてれば、その未亡人はその家に縛られることになり、思わぬことから悲しい相互葛藤に巻き込まれかねません。せっかく再婚しても、先夫の祭祀をしなければならないとか、それでなくても再婚すれば先夫の家は他人となりますので、他家の墓に名前を残すことになります。それが原因で、再婚先でトラブルを起こすことになりかねません。

義父母がすでに亡くなっていて、どうしても未亡人がたてなくてはならない時は、先祖の墓地のなかに石仏でまつるか供養塔でまつることがよいのです。

分家初代の場合

本家筋と同じ理由で、若い未亡人は主人の墓を〇〇家之墓というようには作らず、石仏または供養塔の形式で、建立者名は書かないでまつるほうがよろしいでしょう。墓石というより、仏壇や供養塔という宗教的なよりどころに死者を託したほうがいいのです。

子どもの名義でたてることも、子どもの将来を親の勝手な解釈によって決めることになり、親をまつるという子どもの権利を奪う結果になるので、避けたいものです。

墓を作ることによって分家ということを確定させず、将来別の新しい〝家〟ができるかもしれないという余地を残しておくべきです。

未亡人の家は〝家〟というよりむしろ〝家族〟というべき構造に残しておくほうが、いろいろなケースに対応しやすく、トラブルを避けられます。

■若い夫が妻の墓を作る

とくに分家初代などの場合、妻の実家にまつることがよくありますが、たとえ二人の間に子どもがなかったとしても、やはり自分の家の墓地を求め、主人の名前でまつるべきです。妻の実家にしてみれば、あくまでも他家に嫁いだものので、これをまつることは客仏を招くタブーを犯すことになります。

若い主人のことですから当然、再婚が考えられます。こうした場合も、やはり墓地内に観音様のような仏像でまつることがよいと思われます。

また、亡くなった奥さんとの間に子どもがなかった場合、後妻さんの子どもに将来、まつられることになります。その時のためにも仏像でまつることがよいのです。

いかに夫婦墓とはいえ、新しく迎えられた奥さんが、夫婦墓の右側に主人の戒名が空白になっている墓石に相対した時、どうのように感ずるでしょうか。観音様の慈悲にいまわしい過去をゆだねて、亡き妻を充分に供養するというまつり方にしたいものです。

そして、その墓を次に迎えられた後妻さんが、後のことは心配せずにとまつることが望ましいのです。この場合も、本家の墓より先祖の土を移してまつることを忘れぬことです。

相続人のいない人の墓

相続人のいない人でも、将来、養子や養女による相続が考えられますが、その際も、自分の生存中に墓石をたてることは感心しません。

自分の墓石は将来の相続人にまかすべきで、この場合は、あくまでも、祖先のための供養塔をたてておくべきです。この順序を無視することは、ともすると、自意識過剰が次の世代の座を剥奪することになりかねません。相続人にできるだけ面倒をかけまいとする心情から自分の墓石をたてようとするのでしょうが、家を相続してもよいという人の祭祀権も大切にしなければいけません。

「私が先に死んだらお墓を作ってほしい」ということは、「年寄りの面倒はみてくださいよ」ということに他なりません。相続人が墓を作るということは相続した家産に対するささやかな恩返しができるということであり、義理が果たせるということです。

別のいい方をすれば、相続人が、自分たちの子どもに「お前たちのご先祖ですよ」と、敬いの念をもっていえるような墓でなければなりません。それには、相続人が心を込めて作った墓であることが必要です。

家を継ぐということは、たとえ家名だけであっても、その家の先祖との仏縁にふれることであり、過去だけでなく未来に向かって、その因縁の糸は続くのですから、相続を願っている人は、その縁を自ら絶つような逆修墓は作るべきではありません。

子どもが娘ばかりで、みんな嫁いでしまった場合、その家の墓は誰がたてればよいのでしょうか。

娘の嫁入先で、祭祀を相続しない者（ふつう、二、三男）が、自分たちの墓に合祀する形をとるのがよいのです。ただし、その墓石には両親の戒名は刻んではいけません。ただ写経に書いて墓に埋納するだけにし、過去帳に両親の戒名、俗名、死亡年月日などをきちんと記入しておきます。

また、両親や娘たちの考えがその家の存続を願っている時は、供養塔をたてて建立者の名前は刻まないで相続人の名前を空けておき、相続人が決まってからその人の名前を入れて、相続を確定します。墓と相続はあくまでも一体不離のものであることを明確にすることが大切です。

子どもがなく、自分の死後のまつりをしてもらえない（夫婦二人きりで、子どものない弟が、死後のまつりを一人息子に頼みたいと言われて困っている）

一軒の家で、自家の仏の他に、分家の仏をまつることは、相続人が一人で二軒分の先祖まつりをすることになります。それは、いかにも功徳になりそうですが、死者と生者との関係は逆で、功徳になっても、運は逆に悪くなります。それは、一人で二軒の面倒を見ることということであり、潜在的に居候やすねかじりを抱え込む、俗に、厄介運を持つようになるので、吉祥会（筆者が主宰する、不用となった墓石や無縁墓石を祀る会）のように、たんなる先祖まつりではなく、とくに、無縁仏のまつりの専門家に頼むことがよいのです。吉祥会が後々、この死者の面倒をかわりに見て行こうということです。

先祖代々の墓には入りたくない（夫婦二人きりの墓にしたい、極端に夫婦仲が悪く夫とは一緒に入りたくない、自分ひとり

だけの墓にしたい、仲のよい友達と入る墓にしたい）

本来墓は家に対するものです。だから、代々の先祖ということになるのですが、しかし、核家族が進むなか、こうしたケースが現実になってきました。この場合は永遠に二人きりということで、やはり、問題になるのは後々のまつりということでしょうか。

まつらなくてもよいというかもしれませんが、かといって、現実は刻々と移りかわって行くのですから、永遠にそのままでいるというわけにもいかないでしょう。死者のまつりの目的は、その死者に年ごとに追善の供養を施すことによって、成仏という形で消滅し、輪廻転生へと循環するものであり、そのために、これは、一般には残された遺族（生者）のむしろ義務のようなもので、それを吉祥会が引き受けるというものです。

一人娘が嫁ぎ、実家の両親をまつりたい

少子化が進み、一人っ子同士の結婚が多く見られるようになりました。これも現代の家族構成の特徴であり、残された親にしてみれば、娘の主人側には両親がおり、娘を頼るわけにもいかないという場合であり、両親の死後一周忌から三十三回忌までの法要を嫁いだ娘にかわって行い、死者の霊が迷わぬように、それこそ、たんに寺で永代供養をするというだけではなく、無縁石仏の供養という吉祥会であってこそ、本領発揮となるものです。

死者（死んでいった者）と生者（遺族）との関係は、供養を受ける者と、供養を送る者という、凹凸の関係で、したがってこの場合、残された両親を含む先祖は、自分たちの供養の仕手を求めてくるだけに、空《あき》になった相続人の席に、出て行った娘を引き戻そうとしたりするものです。これを家運墓相学では、墓は相続人あってのものであるから〝墓は相続人をよぶ〟といいます。嫁いだ娘が不縁になって戻ったり、ご主人が早死にして実家に戻るということがあるのです。先祖まつりの空き屋はいけません。

妻の実家の親も子どもや孫にとっては先祖であり、かといって、これのまつりが絶えるからといって、わが家の（嫁ぎ先の）墓でまつることには、どうしても抵抗がある

嫁に来た妻の実家の先祖は、そのまつり手が絶えてしまった場合、妻を通して、その長女娘にかかわってくることが多いようです。その先祖霊が頼って来ることから、先祖と相続人（まつり手）という因縁となり、その家の相続人であることから、先祖を捨てて家を出ることが許されず、これが原因となって、結婚ができない、結婚しても子どもができない、結婚する気がないといったことになるものです。また、結婚できない原因が病弱であるとか、精神異常とかといったことはよくあることで、充分に注意しなければならないことなのです。こうした霊のまつりこそ、三昧陵で行うべきです。

■三昧陵のまつりについて

筆者が主催する吉祥会での無縁石仏供養も今年で二十三回、つまり、まつりが始まってから二十三年の歳月が過ぎたわけです。その間、たくさんの古い墓石の整理を通じて、まつり手を失った墓にかかわりを持つ家に特有の、原因のわからない、科学でも説明ができないようなさまざまな陰惨な問題を抱えていることに、あらためて気づかされました。と同様に、それが、まつり不足とか、まつり漏れといった類いの先祖霊に結びつき、そうした霊の供養に入るのですが、こうした霊は、俗な表現をすれば〝ひがみ〟が強く、頑固というか、ヘソまがりというか。なかなか通り一遍の供養などでは納まりません。さらに、写経とか、地蔵行とかいろいろな精進をつけ加えてやっと、というところでしょうか。これとても、納まったからといってやめれば、また、もとに返ってしまうといった繰り返しになってしまうのです。それはあたかも死者の霊にも各々、個性があるということを物語っていると思います。こういったことの繰り返しのなかでこうした不遇の霊魂は、月並な供養では納まらない。一般的な供養では駄目で、有縁の霊の供養のように、その霊を正面にすえて一対一のまつりをするくらいでないと納まりません。そのためには、小さくても墓がほしいし、三十三年までのしっかりした慰霊が必要ということなのです。

病気を癒すにも、診療科目が分かれるように、こうした霊には、こうした霊専門のカウンセラーが必要ということになるのです。まつり手のない霊を自家の先祖墓のかたわらで迷い半分でまつるといったことは、厳に慎むべきことなのです。とくに、相手は精神世界のもの。一般には、その意志を確認することはできないのです。

成仏のためにまつりを求める死者、言い換えれば、求めざるを得ない不遇な死者といえるかもしれません。こうした霊の供養を目的とした墓、これが三昧陵なのです。

■狭い墓地でのまつり方

墓地が狭いので、当然、墓石が一基しかたちませんから、このような場合は、供養塔（五輪塔など）をたてて、代々の霊を合祀することが唯一の残された方法です。

五輪塔の地輪には、かなりの戒名を書くことができます。

■故郷の墓の移転の仕方

故郷に先祖の墓だけを残し、墓参りもままならないまま、都会に住居して十数年という例はたくさんあります。こうした場合、永住と決まった土地に先祖の墓を一日も早く移したいものです。家の根が墓であり、子孫の根が先祖であるということを子や孫に植えつけるためにも大事なことです。子孫と先祖がかけ離れていては、相続（継続）がうまくいくはずがありません。

その場合、旧墓を実際に整理することと、もう一つ、法律上の手続きが必要となります。

その手順を列挙すると次のようになります。
まず、移転先の墓地を求める。
次に、改葬の手続きをします。

◆改葬手続き◆

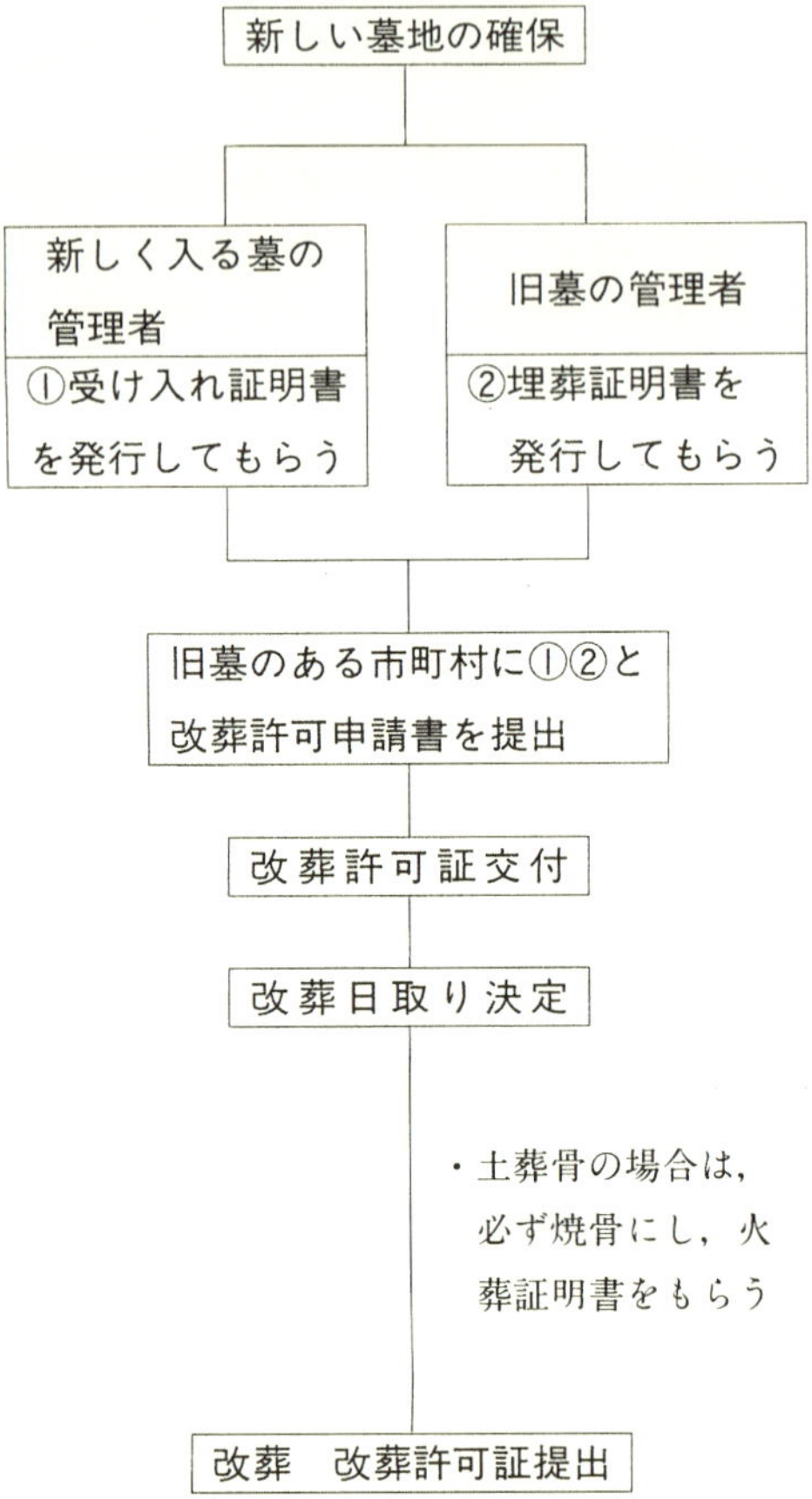
新しい墓地の確保
新しく入る墓の管理者
①受け入れ証明書を発行してもらう
旧墓の管理者
②埋葬証明書を発行してもらう
旧墓のある市町村に①②と改葬許可申請書を提出
改葬許可証交付
改葬日取り決定
・土葬骨の場合は，必ず焼骨にし，火葬証明書をもらう
改葬　改葬許可証提出

＊市区町村によっては手続きの一部を簡素化している所もあります。

改葬手続のあらまし

改葬する場合には、改葬許可を受けなければなりません。これは現在遺骨が埋葬または収蔵されている墓地か納骨堂のある市区町村の役所で受けます。無許可で行うと、法律（墓地、埋葬等に関する法律）に触れることになります。

改葬許可証を受けるには、改葬許可申請書のほかに①受入証明書、②埋葬証明書を添えて提出します。

①受入証明書は「埋葬または収蔵することができる」証明書で、遺骨の移転先の墓地や納骨堂・霊園の管理者が発行します（新しく求めた墓地の永代使用許可証で可）。

②埋葬証明書は「埋葬もしくは納骨の事実を証する墓地、もしくは納骨堂の管理者の証明書」です。これは、確かにそこに本人（故人）の遺骨が埋葬されているかどうかの証明書で、うっかりよその人の遺骨を改葬してしまったり、あるいは他人が故意に墓をあばくことのないようにするための書類です。改葬の場合ですと、ふつうはお寺さんが発行者となるでしょう。

改葬許可申請書は役所に備えつけられています。書式は多少異なっても、記入事項はだいたい同じです。
死亡者の本籍（死亡当時の本籍）／死亡者の住所（死亡当時の住所）／死亡者の氏名・死亡者の性別／埋葬または火葬の場所（現在遺骨を埋葬している墓地または納骨堂の所在地）／死亡年月日（古くて不明の時はだいたいの年月日）／埋葬または火葬の年月日（不明の時は、死亡数日後）／改葬の理由（墓地新設のため）／改葬の場所（新たに埋骨する墓地・霊園名）／申請者の氏名及び死亡者との続き柄

以上のような事項を改葬許可申請書に記入し、記入事項に相違ないことを「墓地管理責任者」に証明してもらい提出します。寺院墓地ならお寺のご住職、共同墓地や霊園の場合はその墓地の管理責任者から署名・捺印をもらいます。これが「埋葬証明書」になります。なお、印鑑（普通の認印でも可）も必要です。手続きとしては簡単ですが、改葬の場合は遠方から出かけて行いますから、二度手間、三度手間にならないようにしてください。

改葬許可証を受けたからといって、一人で勝手になって墓を掘っていいというわけではありません。「法第五条第二項の許可を受けて墳墓を発掘する時は環境衛生監視員または関係吏員の監検を受けなければならない」ことになって

います。寺院墓地ならご住職に立ち会っていただくことになります。

次に、旧墓を解体するにあたり、ご住職に墓の魂抜き（精根抜きともいいます）をしてもらってから解体に着手します。その場合、旧墓石の台はかまいませんが、棹石（仏石ともいう）は、捨てずに無縁墓石として、無縁塚にまつることが大切です。むやみに石屋まかせにして、砕いて産業廃棄物として処理され、障りを受けた事例は枚挙にいとまがありません（拙著、ブックマン社刊「幸せを呼ぶ家運墓相学」五十七頁参照）。いうまでもないことですが、埋葬されている遺骨を収容します。土に帰ってしまったものは、一握りの土を、きれいなサラシの袋を作り、これに入れ、同じく土葬骨もサラシの袋を用意して入れます。骨壺に入ったものはそのまま持ち帰り、新墓地に埋葬するまで、霊園であれば納骨堂、寺であれば寺に預かってもらいます。先祖だからといって、長い間、自宅に置くことはよくありません。

無縁墓石のまつり方■

田舎のお墓に参る道筋などに、どこの誰とも知れぬ墓石や石仏が半分土に埋もれている光景をよく見かけます。可哀そうにと思うのが人情ですが、まつり手のなくなった無縁仏は個人でまつるべきではありません。こういうお墓にかまってそのホトケにつかれることを〝無縁さんがついた〟といいますが、無縁とはフチがないこと、限界がないことをも意味しますから、一人ではとても、限りないホトケさんを背負い切れるものではありません。無縁仏をまつる場合は、多人数ですることが大事です。無縁さんには無縁さんのまつりがあり、正しく供養してこそ、陰徳につながるのです。

筆者主宰吉祥会がまつる無縁石仏

無縁石仏の千灯供養

第六章　こうすれば家運はかわる

開運とは……

人間、誰しも幸福を願わない者はいません。過去何千年来、人間は幸福であろうとして、宗教をはじめ、科学、芸術など、さまざまな努力を尽くしてきました。まさに、人間の歴史や文化は、その努力の集積だといっても過言ではありません。にもかかわらず、この世の中、決して幸福な人ばかりではないことも事実です。

それでは、万人が心からそれを望み、そのために努力を重ねているにもかかわらず、必ずしもすべての人が幸福になれないのはなぜでしょうか。

もちろん、社会のしくみや本人の努力の個人差によることは確かですが、それ以外に、幸福には、本質的に、幸運という要素があるからではないでしょうか。極言すれば、幸福も一つの運命だからなのです。

運命とは「人間の力ではどうすることもできない身の上のなりゆき」とされています。めぐりあわせによって幸福になる人もいれば、運のない人はいくら幸福たらんと努力しても幸福になれない、というわけです。

それならば、運は人の力でどうすることもできないのだから、ただ運の訪れるのを待つしかないのでしょうか。私は、運がそんなものならば犬にでもくれてやったほうがいいと思います。しかし、ここが運の極めて複雑微妙なところで「運を待つは、死を待つにひとしい」のことわざ通り、買わない宝クジは当たらないのです。運とはまことに厄介なもので、求めて得られるものでなく、さりとて、求めなければ得られないのです。

運は、人の力ではどうにもならない巡り合わせではありますが、いたずらに手をこまねいていては、いくら幸運を望み、開運を願っても得られません。自ら努力もせず、決意も固めず、挑戦せずということでは、その人には運をつかむ資格はないのです。まさに、運命は人間の力を超えたものであるとともに、人間の力で開拓されるものなのです。

ですから、運命学者は、運は生きていて、私たちの周囲を一定の法則に従って飛び交っているから、その運の法則を知っていれば、私たちが自分の力で運をつかむことも可能だ、といっています。

開運といっても、開けるのは、他ならぬあなた自身なのです。決して、運のほうから開けてくれるわけではありません。

また、開くと言うからには、そこには扉があるはずです。幸運の扉というではありませんか。けれども、「叩けよ、さらば開かれん」で、天国の扉は叩けば開くかもしれませんが、残念ながら、幸運の扉だけは、ただやみくもに叩くだけでは開きません。幸運の扉には鍵がかかっているのです。そして人間一人ひとりが異なっているように、その鍵も一つひとつ違っています。

私たちの持っている鍵がその鍵穴にぴったりと入った時、はじめて幸運の扉は開くのです。

ところで、この万人が願っている幸運とは何でしょうか。幸運とは、幸せな運命、あるいは好運と書いて、好ましい運というふうに解釈できます。では、その幸せとはどういうことをさすのでしょうか。すぐに考えられるのは、健康です。あるいは、お金のことを考える人もいるかもしれません。一般に、自分ひとりでなく、家族全員が心身ともに健康で、争い事も心配事もなく、生活も安定し、隣人、知人とも仲むつまじく交流していける状態を「幸せ」といっています。さらに名をあげ、財産を築けば、世間から幸運な人とよばれます。

もちろん「幸せ」の感じ方は、各人のおかれている立場によって、ずいぶんと違います。知人、隣人と仲良くすることよりも、金を貯めることに「幸せ」を見出す人もいるかもしれません。あるいは、食うものも食わないで、芸術作品の創造に専念することに幸せを感じている人もいます。このように、幸福の評価や基準には個人差があります。しかし、健康と生活の安定は「幸せ」の最低条件であることは否定できません。

ただ、私たちがここで問題にしている「お墓の開運学」は「家運」を開くことです。家運は、たんに個人の運命だけでなく、家庭全体の運命、さらには子孫の運命まで含み込んでいますので、この条件のほかに家を継承していくちゃんとした相続者のいることが欠かせません。いくら財を残し、名声を得ることができても、よい相続者にめぐまれないで、一代限りで絶家とか衰退したのでは、決して幸運とはいえないのです。

さきほど幸運の扉を開くには鍵が必要だといいましたが、家運を開く鍵は何でしょうか。いや、すでに本書をここまでお読みいただいた方はおわかりのことと思います。すでにその鍵を手中にしていらっしゃると思います。

家運の鍵は、正しい先祖まつりと墓相学の原理にのっとった墓作りなのです。とはいっても、実際にその鍵を作るには、それなりの気構えと努力が要求されてきます。お墓一つたてるにも、財力はともかくとして、さまざまな人間関係（因縁）をきちんと整理しなければなりません。とくに古い家になればなるほど、歴史の重みと複雑な因縁の糸がからみ合っていて、それに節目をつけることは並たいていではありません。

たとえば、後妻に入った人がいます。先妻には娘があり、養子をもらって家を相続していましたが、夫が死んで、しかも子どもがいないので、後妻の子どもを養子にしました。腹違いの姉弟が親子になったわけです。この養子にとっては実母が祖母で、実父が祖父、腹違いの姉が母になるわけです。

ここで、養子にとっては実父である祖父、実母である祖母が死んだ場合、お墓をたてるにはどうすればよいのでしょうか。誰の名義で、誰を先祖としてまつればよいのでしょうか。

いまさらのように、一人の人間の人生、人間関係は他人のうかがい知ることのできない、恐ろしいような因縁にからみつかれているのだと感じざるを得ません。

ですから、こうした因縁をときほぐして正しい先祖供養をすることは、一つの大事業といえます。そして先祖まつりができ、墓がたてられるということ自体が、すでにその人に運が開いているのだともいえるのです。

運は目に見えないし、音もなければ、においもない、あるエネルギーだと考えられています。また、私たちの魂もエネルギーの玉であり、人間活動の根本だといわれています。

そして、そのエネルギーをもった運をキャッチするのは魂です。運と魂は、いわば「類は友をよぶ」というべき関連性を互いに持っているのです。そして、強い魂は強い運をよびます。気力が充実し、向上の意欲に燃えた魂こそ、エネルギーにみちた運をつかまえることができるのです。

ですから、墓をたてて開運を願う場合も、石屋さんまかせでなく、墓地にも出かけて、その環境を調べ、墓石の質や色も自分で確かめるくらいの気構えが望まれるのです。その精神＝魂のエネルギーが、祖先の霊をよぶのです。

以下、私のささやかな経験のなかから具体例を挙げておきます。

■建墓が幸運をよぶ

渡辺家は当主の和男さん、奥さんの律子さん二人とも働き者で、四国から千葉に出てきて苦労の末、土地を求め、家も新築しました。父の成夫さんは昭和二十一年に死亡していますが、遺骨は二十年間、押し入れに入れっぱなしで、その後も、お寺に預けたままで、奥さんはそのことを長年気にしていました。

長女の真知子さんは、十五歳の頃からノイローゼで病院通いをしています。時々、無数の頭骸骨《しゃれこうべ》が寄ってきては身体にくらいつく夢を見たりするそうです。

次男の長久さんは非常に女性的で、頼りにならないありさま。次女の利子さんは幼い頃、原因不明の熱病で唖になってしまい、理容師の試験をここ数年受けてきましたがいつも駄目で、今年で諦めようと考えているところです。

建墓のきっかけは、主人の和男さんが勤務先の健康診断で癌の疑いがかかったからです。

さっそく、和男さんの弟の洋右さんに建墓の旨を知らせましたが、「兄さんたちの墓だから、私には関係ない。適当にそちらでやってくれ。埋葬にも行けない」と返事がきました。

建墓にあたって、家族全員で写経を始めました。三週間くらい過ぎたある晩、長女の真知子さんは、いつもの骸骨の夢を見たところ、突然赤い着物を着た女の人があらわれ、その袖をひとふりすると無数の骸骨はパッと消えて、とたんに頭のなかがすっきりしたといいます。

また、次女の利子さんの理容師試験も諦めていたところ合格通知が届き、さ

渡辺家系図

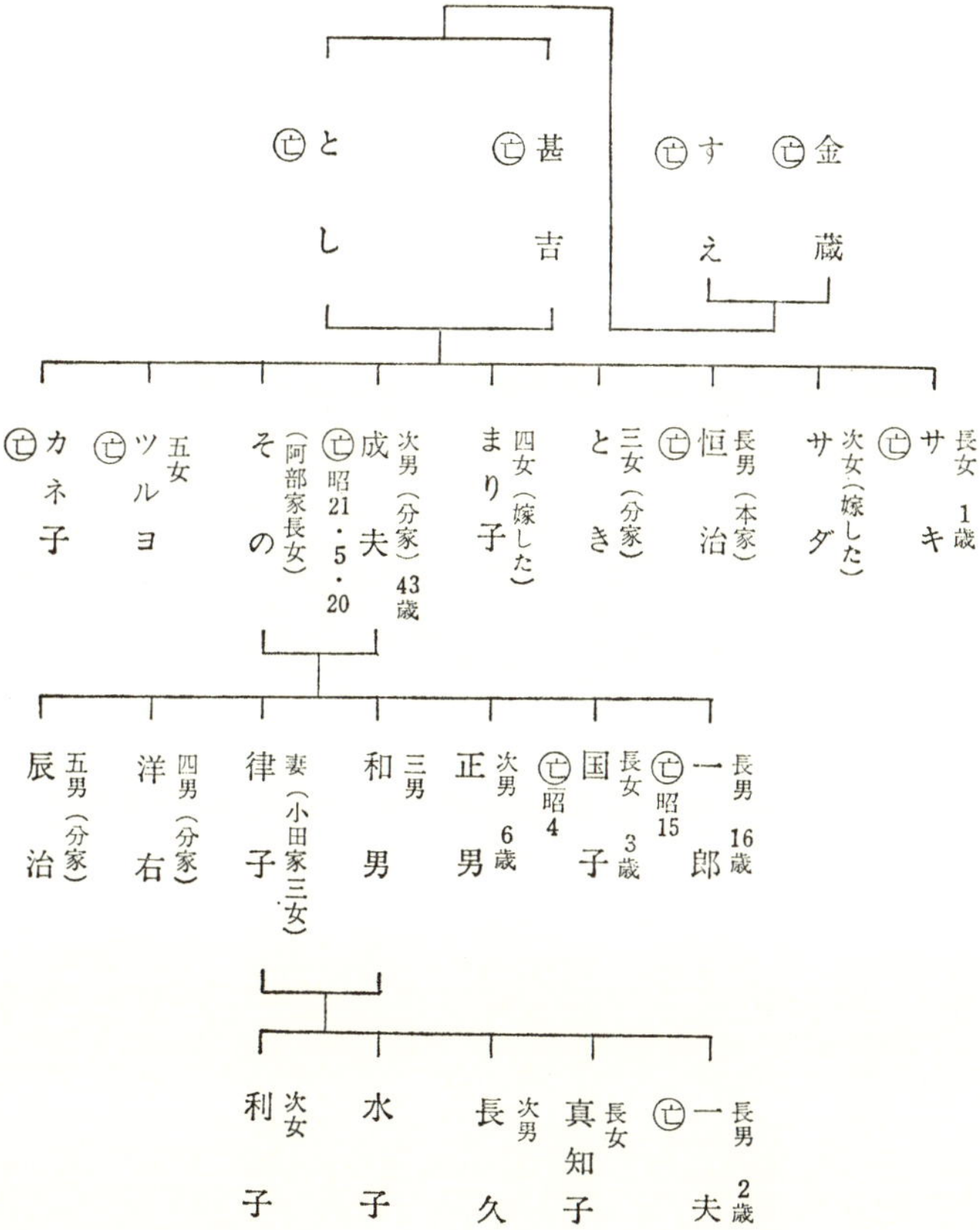
(亡)甚吉
(亡)とし
(亡)金蔵
(亡)すえ
(亡)サキ 長女 1歳
サダ 次女（嫁した）
(亡)恒治 長男（本家）
とき 三女（分家）
まり子 四女（嫁した）
(亡)成夫 次男（分家）43歳 昭21・5・20
その（阿部家長女）
(亡)ツルヨ 五女
(亡)カネ子
(亡)一郎 長男 16歳 昭15
(亡)国子 長女 3歳 昭4
正男 次男 6歳
和男 三男
律子 妻（小田家三女）
洋右 四男（分家）
辰治 五男（分家）
(亡)一夫 長男 2歳
真知子 長女
長久 次男
水子
利子 次女

らに、和男さんの癌も誤診であったことがわかり、家族一同、大喜びでした。

そこへ突然、洋右さんから電話で「埋葬を来月初めに延期してほしい。私もぜひ行きたい」といってきたのです。主人の和男さんの喜びも倍加しました。

こうして昨年の秋、渡辺家のお墓ができました。長年放置していた父の遺骨を写経とともに埋葬した供養塔と死んだ子供のためのお地蔵様をたてたのです。

その後、渡辺家では、長女の真知子さんに良縁がもちあがり、十二月には結婚しました。

続いて、次女の利子さんのために理髪店が必要となりましたが、墓をローンでたてたため金がなく、せめて土地だけでもと思っていた際、駅近くに手頃な土地が見つかりました。どうせ金がないからと諦めながら見に行ったところ、たまたま地主さんの家に銀行の人が来ていて、間に入ってくれて、坪十二万という土地を六万でその場で話がまとまり、資金もその銀行が貸してくれることになったというのです。まったく夢のようですと、その夜、私の所へ電話がきました。

さらに、しばらくして、奥さんから電話があり「次女も結婚が決まり、長女にも近く子供が生まれます。そして、つい先日、長女と私が不思議なことに、

そして、つい先日、長女と私が不思議なことに、まったく同じ夢を見ました」というのです。「長い間、お寺に預けっ放しだったお父さん（娘にはおじいさん）が羽織袴で夢に出て、それはそれはとてもやさしい顔をしていました。とにかく厳しい人で、娘たちもこわがっていた人なのに。しかも同じようにやさしい顔をして、袴をはいたお父さんを私と娘が見るなんて……」

よほど、亡き成夫さんも喜ばれたのでしょう。ただし、一言付け加えさせてもらいました。そのお父さんの供養のために写経をお続けなさい、と。

■正しい先祖まつりが家運をかえる

家運とは家を運ぶと書くように、こうして系図を作っていくと、ほんとうに不思議としかいいようのない家運の流れを見ることができます。だから私は、系図のことを家運図ともいっています。

この山田家の場合、当主の浩一さんは自分が本家だと信じ切って気づかずに、父・良吉さんを本家の墓所にまつっていたのです。

幼少時は若様とまでいわれて、道行く人までが頭を下げてくれていた浩一さんでしたが、父の良吉さんの代で零落し、現在は奥さんの実家である今井家に住んでいます。

叔父の兼二さんとの遺産争いも長く続き、今までお墓に無関心だった浩一さんも、墓のことが気になって、私のところに相談に来られたのです。

よく調べてみると、次のようなことが判明しました。

まず、祖父の謹吾さんは一代で財をなし功なりとげた人ですが、連れ合いのまきさんが病弱であったため、しっかり者の長女のとしさんにムコ（良吉さん）をもらってその世話をさせようと考えたのです。この謹吾さんの〝我〟というものが、一方では家運の隆盛をもたらしたのですが、もう一方では、子孫の不運を招くことにもなったのです。

謹吾さんは、長男の兼二さんという人がありながら、としさんと良吉さんに「母親の面倒をみるかわりに家督相続をする」という取り決めらしきものをしたのです。

その謹吾さんも、まきさんを失って十三年後の昭和三十三年に他界します。その時、それまで土地を離れて財をなしていた兼二さんは、長男だというので、自分でさっさと墓をたててしまったのです。その後、良吉さんも死亡しますが、浩一さんは当然のこととして、本家の墓地へ良吉さんを埋葬し、自分の家の墓としてまつりを引き継いできていたのです。そしていつの間にか、叔父の兼二さんと遺産の土地争いに巻き込まれてしまいました。

だが、よく調べてみると、良吉さんは大正十五年に分家しているのです。浩一さんは良吉さんを始祖とする分家の二代目であり、今まで本家の墓地に居候していたのです。本家とはいうものの、長男の兼二さんは他県へ行ってしまった人ですが、しかし親の墓は作っています。ですからこの場合、本家の家運は兼二さんのほうへ流れてしまっていますので、浩一さんは一日も早く独立した分家の墓を作って父の良吉さんをまつり、新しく出発しなければなりません。

なお、この家には大きな課題が残されています。浩一さんは、これまで妻の優子さんの弟妹たちの面倒をみてきたのですが、このままでは、独立しても、妻の家を背負うことになり、身軽な状態での再出発は不可能です。ですから、妻の実家の先祖まつりのケジメもつけなければなりません。

山田浩一家の墓で、妻の父と実母トネさんを写経でまつり、山田家の遠祖に形をかえてまつることです。この場合、決して、その戒名を刻んだりしてはいけません。妻の実家の客ホトケをまつることはタブーです。

山田家（主人の家）

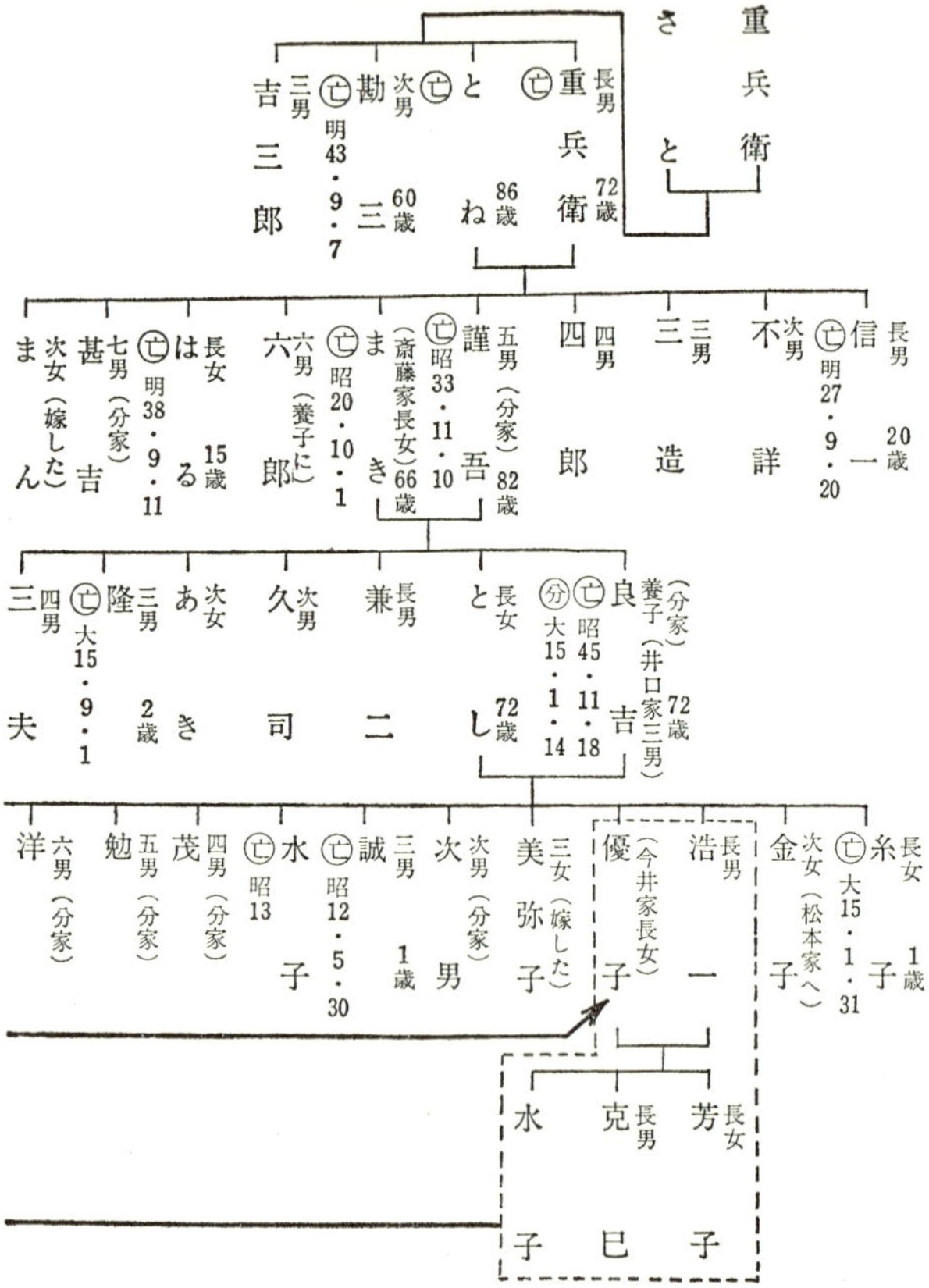

重兵衛
さと
長男 ㊀重兵衛 72歳
㊀とね 86歳
次男 ㊀勘三 60歳
三男 ㊀明43・9・7 吉三郎
長男 ㊀信一 20歳 明27・9・20
次男 不詳
三男 三造
四男 四郎
五男（分家） ㊀謹吾 82歳 昭33・11・10
（斎藤家長女） まき 66歳
六男（養子に） ㊀六郎 昭20・10・1
長女 ㊀はる 15歳 明38・9・11
七男（分家） 甚吉
次女（嫁した） まん
（分家）養子（井口家三男） ㊀良吉 72歳 昭45・11・18
長女 ㊵とし 72歳 大15・1・14
長男 兼二
次男 久司
次女 あき
三男 ㊀隆 2歳 大15・9・1
四男 三夫
長女 ㊀糸子 1歳 大15・1・31
次女（松本家へ） 金子
長男 浩一
（今井家長女） 優子
三女（嫁した） 美弥子
次男（分家） 次男
三男 ㊀誠 1歳 昭12・5・30
㊀水子 昭13
四男（分家） 茂
五男（分家） 勉
六男（分家） 洋
長女 芳子
長男 克巳
水子

今井家（妻の実家）

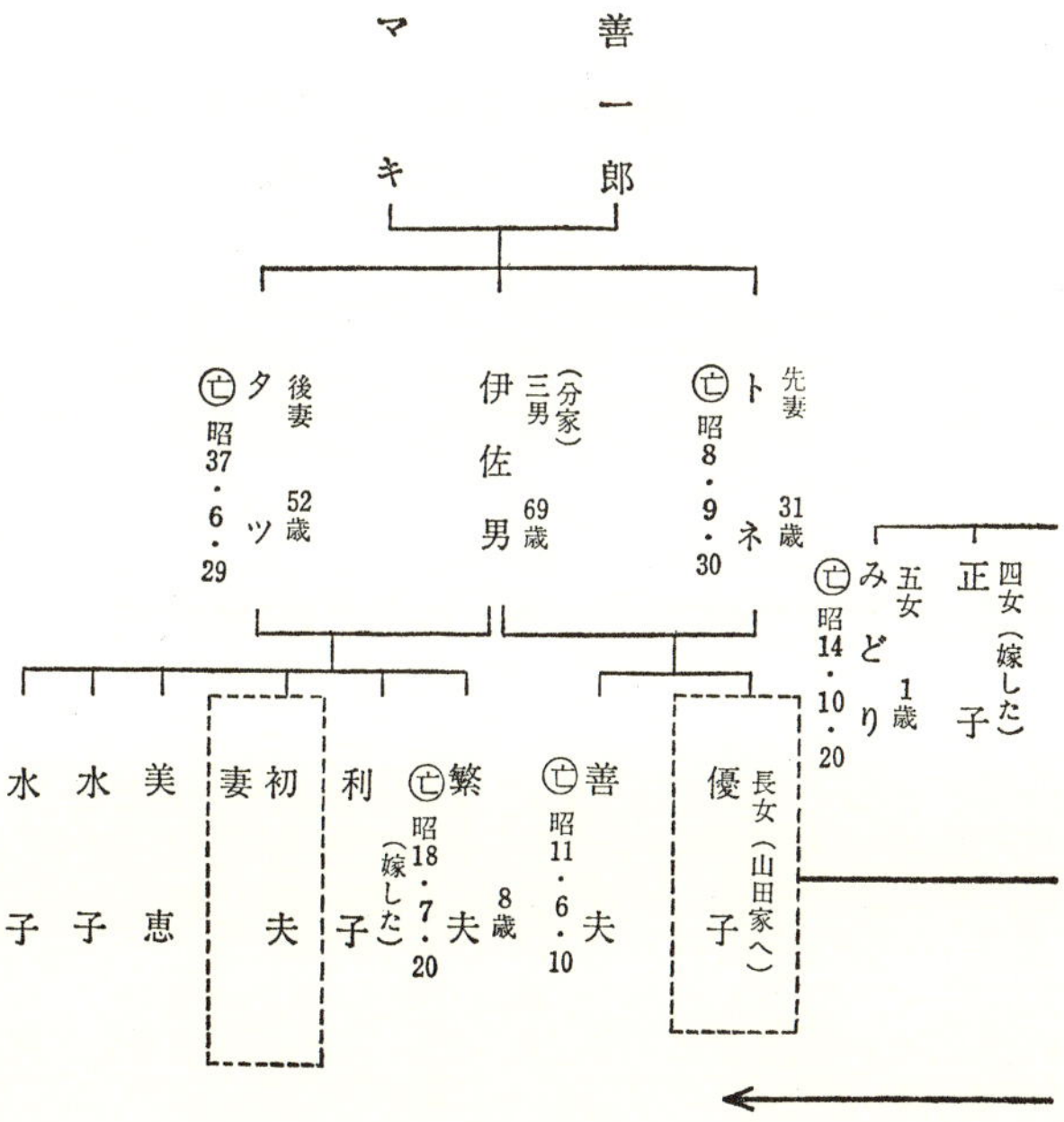
善一郎
マキ
先妻 トネ 31歳 亡 昭8・9・30
（分家）三男 伊佐男 69歳
後妻 タツ 52歳 亡 昭37・6・29
四女（嫁した） 正子
五女 みどり 1歳 亡 昭14・10・20
長女（山田家へ） 優子
善夫 亡 昭11・6・10
繁夫 8歳 亡 昭18・7・20
利子（嫁した）
妻 初夫
美恵
水子
水子

こうして、トネさんを今井家の血族から引き離すことによりはじめて、後妻のタツさんの長男初夫さんに今井家の相続の場が生まれてくるのです。つまり、浩一さんも今井家の重石から逃れることができるのです。

墓を作ったその後、浩一さん夫妻から次のような話を聞きました。

「今まで部屋にひきこもって本ばかり読んで、なんとも心もとなかった息子の克巳がいつの間にか、お祭りの時、先頭にたって神輿を担ぐほど、元気な子になりました。そして姉弟二人とも学校の成績はいつもビリから数えるほうだったのに、別に塾や家庭教師をつけたわけでもないのにクラスで五番以内に入っているのです。ほんとうに不思議なものですね。さらに、今井家の初夫さんが来年は実家に戻って、こちらで商売をするといってきたんです」

これらの現象は、何を物語るものでしょうか。山田家の未来運が生気を取り戻した、ということではないでしょうか。

正しく先祖供養や建墓を行うことは、そのことによって、一族のそれぞれの責任と権限を明確にすることになります。兄弟や親戚が主張すべきは主張し、譲るべきは譲って、先祖まつりのルールに従っていけば、これまでの悪因縁も解決し、道は開けるのです。

祭祀相続のない遺産相続は災いのタネ

この松本家の始祖となる五郎太さんは、松本寅吉さんの次男として生まれ、分家創立は明治二年です。非常に働き者で、酒屋を開業し、同じく働き者の奥さんとともに一代で財をなしました。そして、近くの廃家となった家を買い取りました。

ところが、この土地のなかには古い墓石が数基たっていたのです。ここら辺から、まず因縁が生まれてきます。五郎太さんは絶家した家をそのまま相続し、まつり手がなくなった淋しい迷えるホトケまでも引き継ぐことになってしまったのです。

五郎太さんは大正六年、七十一歳で亡くなりましたが、分家して四十数年で、土地の富豪にまでのしあがったわけです。運命学者はよく、人間一生にもてる福分には限りがあるといいますが、短期間に財をなしたり、地位を得るということは、言葉を換えれば、自分の福分（徳分）では足らないで、他人の福分まで食ったからそうなったのだと解されています。では、他人とは誰でしょうか。分家初代であれば、その子の未来運まで使ってしまったことになるのです。

松本家系図

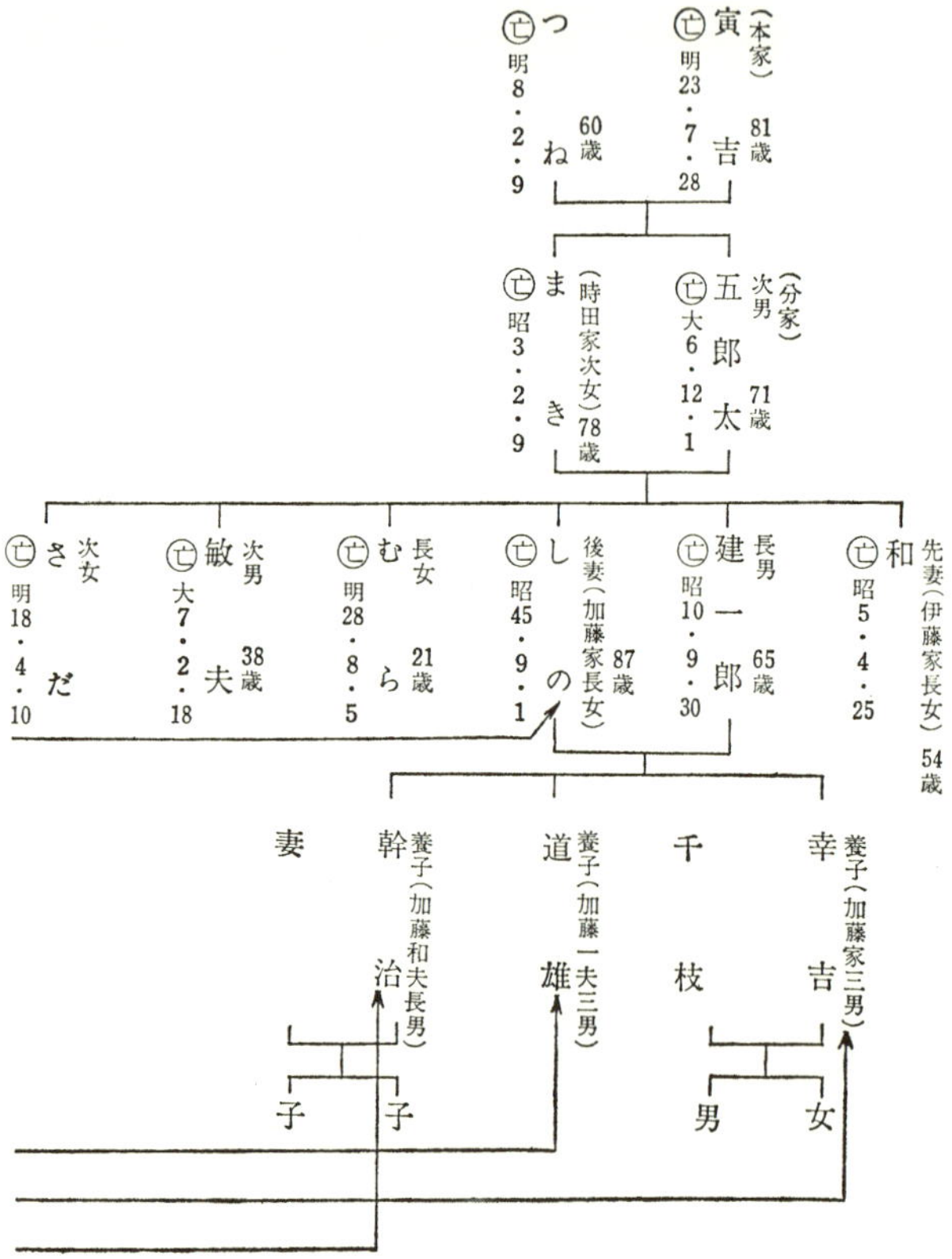
(本家) 寅吉 81歳
(亡) 明23・7・28
つね 60歳
(亡) 明8・2・9
(分家) 次男 五郎太 71歳
(亡) 大6・12・1
まき (時田家次女) 78歳
(亡) 昭3・2・9
先妻(伊藤家長女) 和 54歳
(亡) 昭5・4・25
長男 建一郎 65歳
(亡) 昭10・9・30
後妻(加藤家長女) しの 87歳
(亡) 昭45・9・1
長女 むら 21歳
(亡) 明28・8・5
次男 敏夫 38歳
(亡) 大7・2・18
次女 さだ
(亡) 明18・4・10
幸吉 養子(加藤家三男)
千枝
道雄 養子(加藤一夫三男)
幹治 養子(加藤和夫長男)
妻
女
男
子
子

加藤家系図

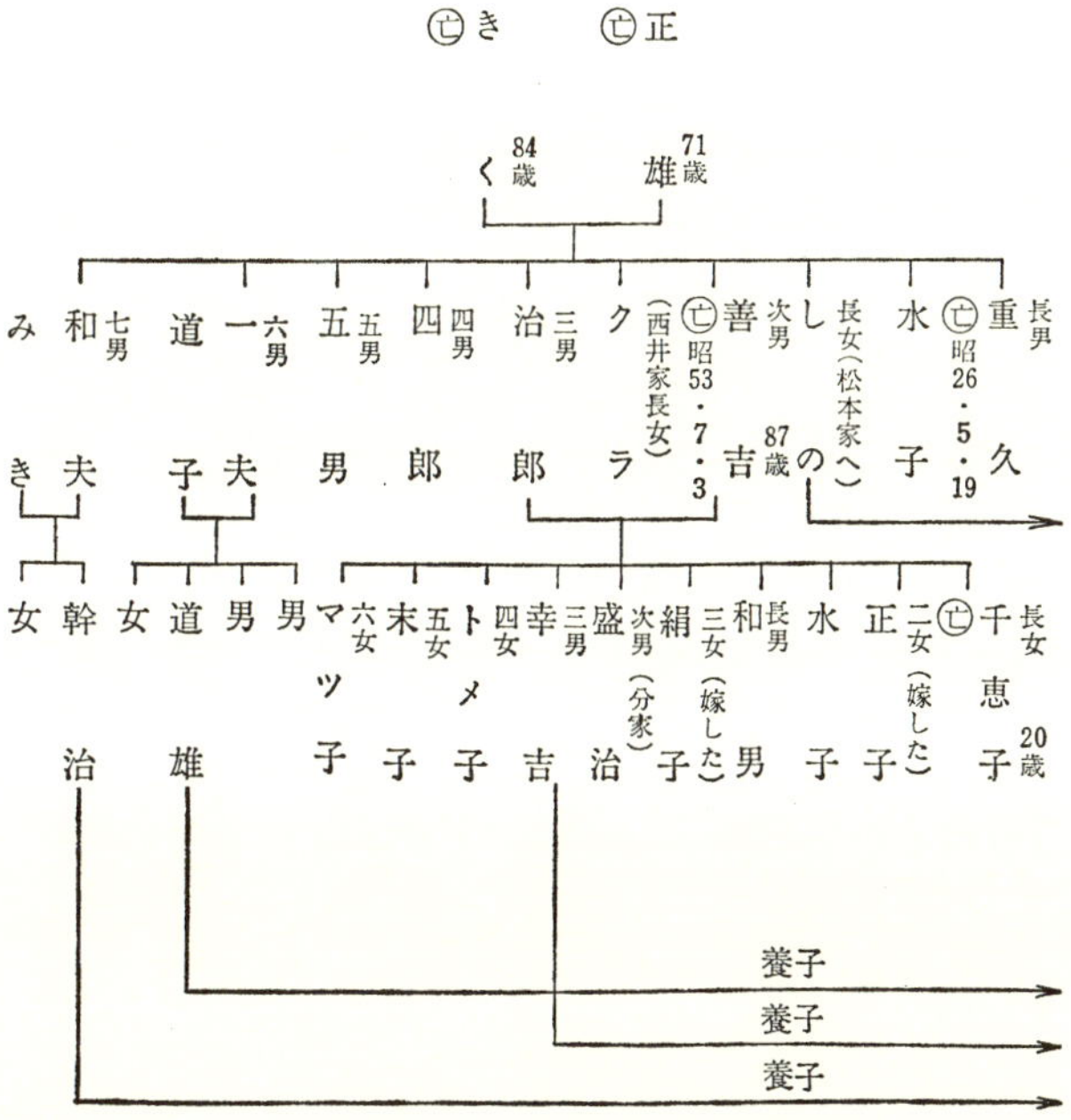

(亡)正
(亡)き
雄 71歳
く 84歳
重久 長男
(亡)昭26・5・19
水子
長女（松本家へ）
しの
次男 87歳
善吉
(亡)昭53・7・3
（西井家長女）
クラ
三男
治郎
四男
四郎
五男
五男
六男
一夫
道子
七男
和夫
みき
長女
千恵子 20歳
(亡)二女（嫁した）
正子
水子
長男
和男
三女（嫁した）
絹子
次男（分家）
盛治
三男
幸吉
四女
トメ子
五女
末子
六女
マツ子
男
男
道雄
女
幹治
女
養子
養子
養子

事実、五郎太さんの息子の建一郎さんは不運の人でした。政治家として名声は得たものの、土地の鉄道会社の保証人となったことから債権者の餌食となってしまい、加えて、先妻の和さんは五十四歳で気がふれて死亡し、後妻のしのさんを迎えますが子どもがなく、建一郎さんは昭和十年に他界します。五郎太さんの血と汗の結晶は、建一郎さん一代で終わってしまったのです。

そして、後妻しのさんが昭和四十五年に亡くなると、凄絶な遺産争いが始まりました。それは、しのさんの生家側からの養子のありさまを見れば一目瞭然です。

この家に伺ってみると、広い庭一面に落ち葉が積もり、誰もいない家のなげしには、五郎太さん、建一郎さん、そして連れ添った人の写真だけがさむざむと飾られ、仏壇にはきちんと位牌が並べられていて、人の住む気配がなく、幽気漂う感じです。まさに死者の住む家です。こんな家のホトケはどう思っているのでしょうか。養子、養子、養子で、考えただけでもゾッとします。

お墓を見ると、抱えきれないほどの大木が鬱蒼と茂り、この家の幽気がそのまま漂よっているようです。墓石には花こそ供えられていますが、墓石には施主の名前も刻まれていません。墓石は見上げるような立派な自然石で、当時これだけの墓がたつことは、家運の隆昌を物語っています。向かい合って他家の墓地がありますが、区切りがはっきりしていませんし、入口も明らかではないのです。笠石つきの墓石もあり、そのうえ、お墓は一人一基ずつ並んでいます。

まさに、凶相の見本とでもいう墓地なのです。墓石に施主名がないのは、相続人がいないことを意味しています。先祖より立派な墓を作るということは、すでに子孫のまつりを必要としない、自分一代の墓を暗示しています。入口や境界のない墓地は、他人の侵入を招き、他人との財産争いや物品の返還争いが起きるといわれています。大きな樹木が茂り、陰気な墓は、財産が減り、相続人の心配や胸の病気、精神病者の人が出ます。事実、建一郎さんの妹のむらさんは肺病で死んでいます。また自然石の墓は、後家、養子、絶家、病人、金銭の不足などが出ます。笠石つきの墓は、秀才か低能か紙一重の人間が出るといわれますが、この場合、健一郎さんは秀才でした。夫婦が一緒でなく別々の墓は、夫婦が長くともに生活できないし、後家相であり、よい相続人にめぐまれないといいます。

それでは、松本家はどうすればいいのでしょうか。まず相続者ですが、この場合、加藤家のクラさんです。一番最初に松本家に養子に入った幸吉さんの母親です。現在、裁判所で係争中ですが、いくら裁判で勝っても、供養の心がなければ、災いこそあれ何にもなりません。遺産欲しさの相続では、長く続くわけはありません。無私の心になって先祖供養する心がけが第一です。それには、幸吉さんの名で松本家の供養塔をたてることが先決です。

なお、その場合に、多くの墓石の処置ですが、お坊さんを招いて墓石の魂を抜いていただき、無縁墓石として手厚く葬ることが肝心です。

こうした先祖供養をすべてすませることが、相続ということの真の意味です。祭祀相続こそ、家督相続の前提であり、遺産とは家を相続させるための財産です。それを忘れた財産目当ての相続は、なおいっそう災いを招くだけです。

古い墓地を整理して未来運を開く

大森家は十数代続いている旧家で、土地でも十指に入る農家です。当主の吉郎さんは、四十歳でありながら、父太一さんとお母さんのまつさんとの三人暮らしです。これまで三度結婚しましたが、いずれも生別して、どうも結婚運が悪いようです。

吉郎さんは体格もよく働き者で、稲作から酪農に切り替え、食用豚を数百頭も飼育しながら、あまりパッとしないし、何かと思うようにいかないといっています。

お伺いしてみると、裏山の墓地の一カ所は遠祖の墓で苔むした墓石が二十数基あり、一番古いものは元禄元年の日付けがあります。もう一カ所は昔の奉公人の墓だ、ということでした。さらに家のすぐ裏にも新墓地があり、合計で三カ所。先祖のまつりは営々と続けてこられているようでしたが……。

家系図を見てわかることは、当主の祖父政治さんは両養子ですから、先代の源三さんの代で血筋は絶えており、現在の大森家は、血縁のない政治さんを中興の祖としています。事実、政治さん夫妻は働き者で、今日ある広大な土地や屋敷はすべて政治さんの代で築いたといわれています。

ところで、政治さんの長男太一さん（吉郎さんの父）は、父親の政治さんの徳で生涯を過ごしたような人で、いうならば親の七光りで人生を無難に送り、六十七歳で亡くなっています。一方、太一さんに連れ添ったまつさんは、今なお年老いても元気で、太一さんの無難な生涯は、このまつさんの内助の賜物であることは論を待ちませんが、独り身の吉郎さんの面倒をみながら大きな家を守っています。

また、当主の吉郎さんには他家に嫁いだ姉（長女）の松枝さんがいますが、孫までいながら今でも生家の面倒をあれこれとみています。

男が立たない家とよくいわれますが、大森家を見ていると、そのような感じがします。養子に来て家を再興した政治さんは、孫の福分まで使ってしまったようです。

また、太一さんの弟さんの治郎さんが分家していますが（昔のことですので、太一さんと同一戸籍内で結婚）、男二人、女二人という子宝にもめぐまれ、大森家の家運は分家の治郎さんのほうへ流れているようで、本家には十数代続いた家の歴史の重圧だけが残されているようです。

ここで、大森家のお墓を検討してみましょう。
①墓地が古い墓石でいっぱいだということは、大森家の家運の行き詰まりを暗示しているようです。
②墓所が三カ所に分散していると、相続人が家を出るか、それでなければ父親と相争う運をあらわしています。また、寿命、財産などを減し、不運な人生を送る事態を招くといいます。

大森家系図

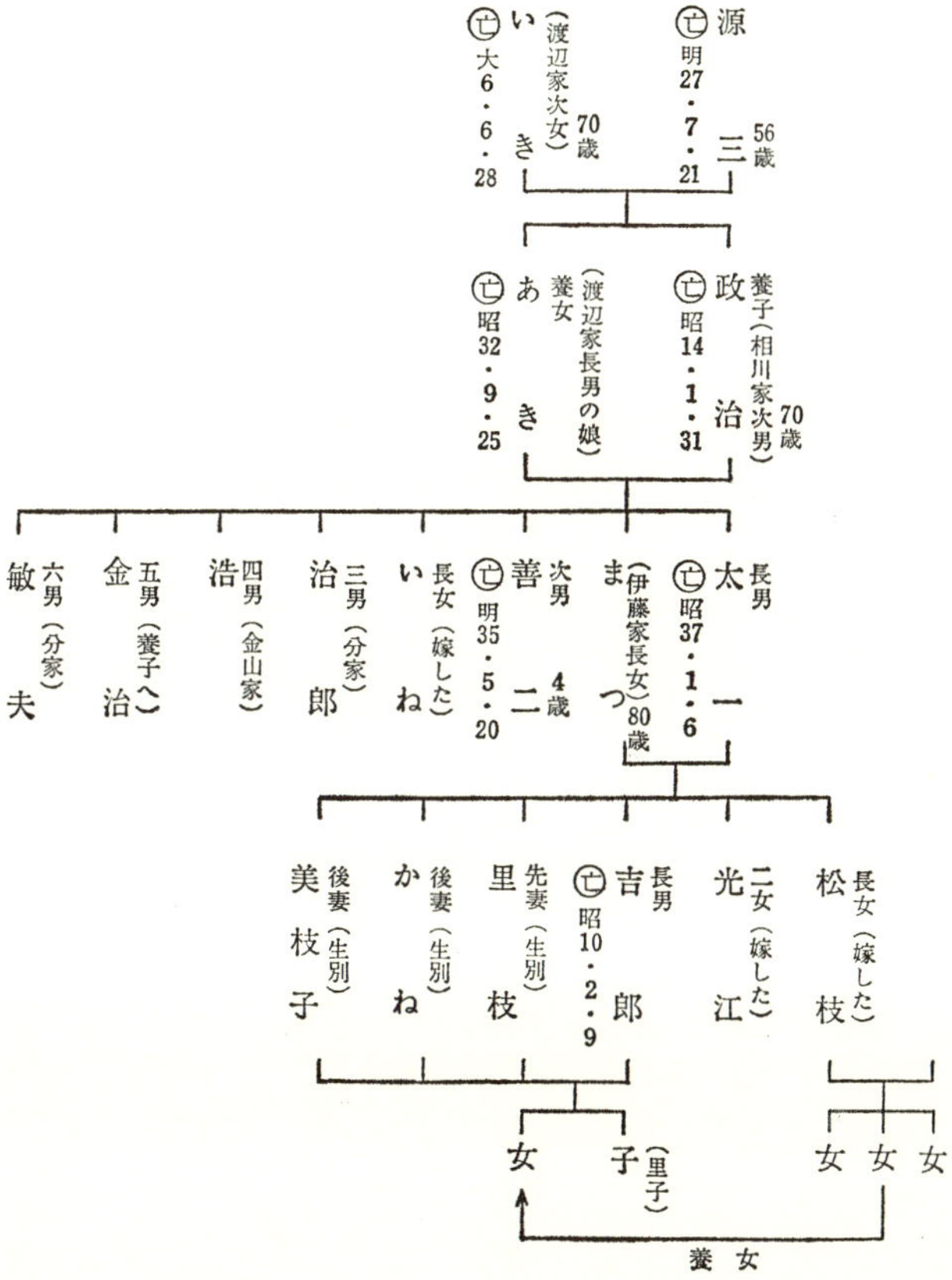
源三 56歳 ㊁明27・7・21
いき（渡辺家次女）70歳 ㊁大6・6・28
政治 養子（相川家次男）70歳 ㊁昭14・1・31
あき 養女（渡辺家長男の娘）㊁昭32・9・25
太一 長男 ㊁昭37・1・6
まつ（伊藤家長女）80歳
善二 次男 4歳 ㊁明35・5・20
いね 長女（嫁した）
治郎 三男（分家）
浩 四男（金山家）
金治 五男（養子へ）
敏夫 六男（分家）
松枝 長女（嫁した）
光江 二女（嫁した）
吉郎 長男 ㊁昭10・2・9
里枝 先妻（生別）
かね 後妻（生別）
美枝子 後妻（生別）
女
子（里子）
女 女 女
養女

③奉公人を自分の家の墓にまつることは、他人の面倒をみることになったり、出費のかさむ家となります。また人の面倒をみることで、自分のほうが潰れてしまいます。
④墓石はたくさんたっていますが、古いものは字も読めないし、ただの石ころのようになっているのもあります。長い歴史のなかで半分埋もれかかっている墓石もあるし、順序もわからなくなってしまっています。こうした家は、まとまりのない家運をあらわし、家系と経済の乱れをよびます。
⑤家のすぐ裏の新墓地は、うしろ山が崖くずれをした時に、その土を取るのがたいへんなので一メートルくらい高く盛り土をして、周囲をブロック塀で囲っています。高く盛り土した墓地は、損失が生じた場合、元に復しにくく、病気なども治りにくいとされていますし、塀を設けてなかを見えなくするのは不吉とされています。
以上のことからいえることは、大森家は、家系上は俗にいう「女の家」であり、女の力が支配しがちです。当主の吉郎さんが四十歳を過ぎてもまだ母や姉の庇護下にいるようでは、結婚運にめぐまれないのも当然です。

まず、吉郎さんに要求されるのは、大森家の相続人としての自覚をはっきりと持つことです。そのためには、古い墓地をきちんと整理して先祖をまつり直し、一から再出発することです。墓地の整理というのは、親戚や兄弟、さまざまな因果関係を含んでいるので、みんなが納得する整理というのは難事業です。自分が施主となってそれをやり遂げることは、それだけの人徳を自分が積むことになり、家運繁栄の芽もそこから開かれてくるのです。

こうして私の示唆で墓地の整理をすることになったのですが、ここであらためてお墓の不思議な力を思い知らされることになりました。

墓をたて直すために、兄弟の家族全員が集まって二十数基の古い墓石をきれいに水洗いしたのですが、施主の吉郎さんは仕事でどうしても時間内に来れず、作業が終わってから来たのです。

そして、この古い墓石を無縁墓石として合祀するために、トラックで運んだのです。ところが、何人かが積む時にも数を確認し、降ろす時にも数を確かめたにもかかわらず、トラック内に小さな墓石が一つ残っていたのです。私は、施主の吉郎さんが水洗いに間に合わなかったことが気にかかっていたので、それを見た時、ほんとうに衝撃を受けました。その小さな墓石はさも洗ってほしいと訴えかけているように思えたのです。

こうしていよいよ新墓地の建設に入った時、いままでさんざん調査し、掘り起こして確認して、墓石などあろうはずのない場所から、またお地蔵様が出てきたのです。探し漏れといえばそれまでの話ですが、私は先日のことと思い合わせて、なんとなく因縁を感じ、どうもすっきりせず、このお墓はまだ何か怨念が残っているような気がしてなりませんでした。

やがて、供養塔もたち、いよいよ開眼という日の朝、突然、吉郎さんの姉の松枝さんから電話がきたのです。

「先生、墓石に刻んだあきおばさんの戒名が違っているらしいのです」と。

「そんな馬鹿な。過去帳は、お寺が無住ではっきり確認できなかったが、お寺の位牌と墓石に刻んだものとを照合してのことだから、そんなはずないですよ」と答えたものの、出かけて行ってご住職に調べてもらうと、驚いたことには、やはり違っていたのです。歿年月日、俗名、享年はすべて正しく、なんと戒名だけが全然、アカの他人のものだったのです。

当時の寺の住職が石屋さんに間違えて教えたものらしく、昭和三十二年にあきさんが亡くなり墓石をたてた時以来、そのまま他人の戒名の墓に参り続けてきたのです。なんと、三十年近くも他人の戒名に気づかなかったわけで、この時、私はハッと気づいたのです。

客仏をまつると、子どもや孫に二度、三度の縁の者が出たり、独身で過ごす者が出るといわれていることを。

せっかくでき上がった墓をあらためて作り直すことになりましたが、私は、吉郎さんのしつこいまでの再婚のことが一度にふっきれる感じがしました。

吉郎さんを施主として古い先祖の墓石を無縁としてまつり直し、供養塔と父親の世代墓をたて、水子供養のお地蔵様を作ることによって、吉郎さんの将来がどうかわるかはまだわかりませんが、開眼式の日の「おかげさまで先祖供養ができました」という吉郎さんの自信に満ちた言葉に洋々たる未来を感じたのは、私だけではなかったようです。

■絶家運を絶つ先祖供養

安藤家は土地の素封家らしく、共同墓地ではありますが市郎さんの代までは、大小さまざまな墓石がたっています。見上げるような市郎さんの墓がたかさんの名でたてられていますが、それ以降はまったく先祖まつりがなされていません。あたかも、大きな墓石の重圧に子孫が潰されたような感じです。

相続人にめぐまれず、たかさんは妹のさちさんを養子にし、後妻の正子さんは息子の利夫さんを孫の立場として、かろうじて存続させてきています。しかも、実子の相続は一代おきといった具合です。

利夫さんは夫婦養子ですが、三人の男子にめぐまれました。しかし、吉利さんが相続しても、このままではまたまた絶家運です。

この絶家運をかえるには、大正九年にさちさんが亡くなって以来絶えている先祖まつりをすることですが、この場合は、たいへん複雑です。利夫さんの実の両親は祖父母にあたるのですから、ややこしくなってきます。

一番望ましいのは、秀敏さんを主としたさちさんの家系と、秀敏さんを主とする正子さんの家系とに二分することですが、正子さんの子どもがさちさんの孫の立場で相続していて、つまり二つの家を一緒にして利夫さんが相続しています。こうした場合、利夫さんは、もつれた因縁の糸を一つひとつ解きほぐしていかなければなりません。その面倒を避けては、正しい先祖まつりはできません。とくに、母の英子さんの立場を考慮に入れた墓作りを考えるべきで、たんに安藤家之墓としてしまうと、先々で新たな葛藤が生まれてくるでしょう。

安藤家系図

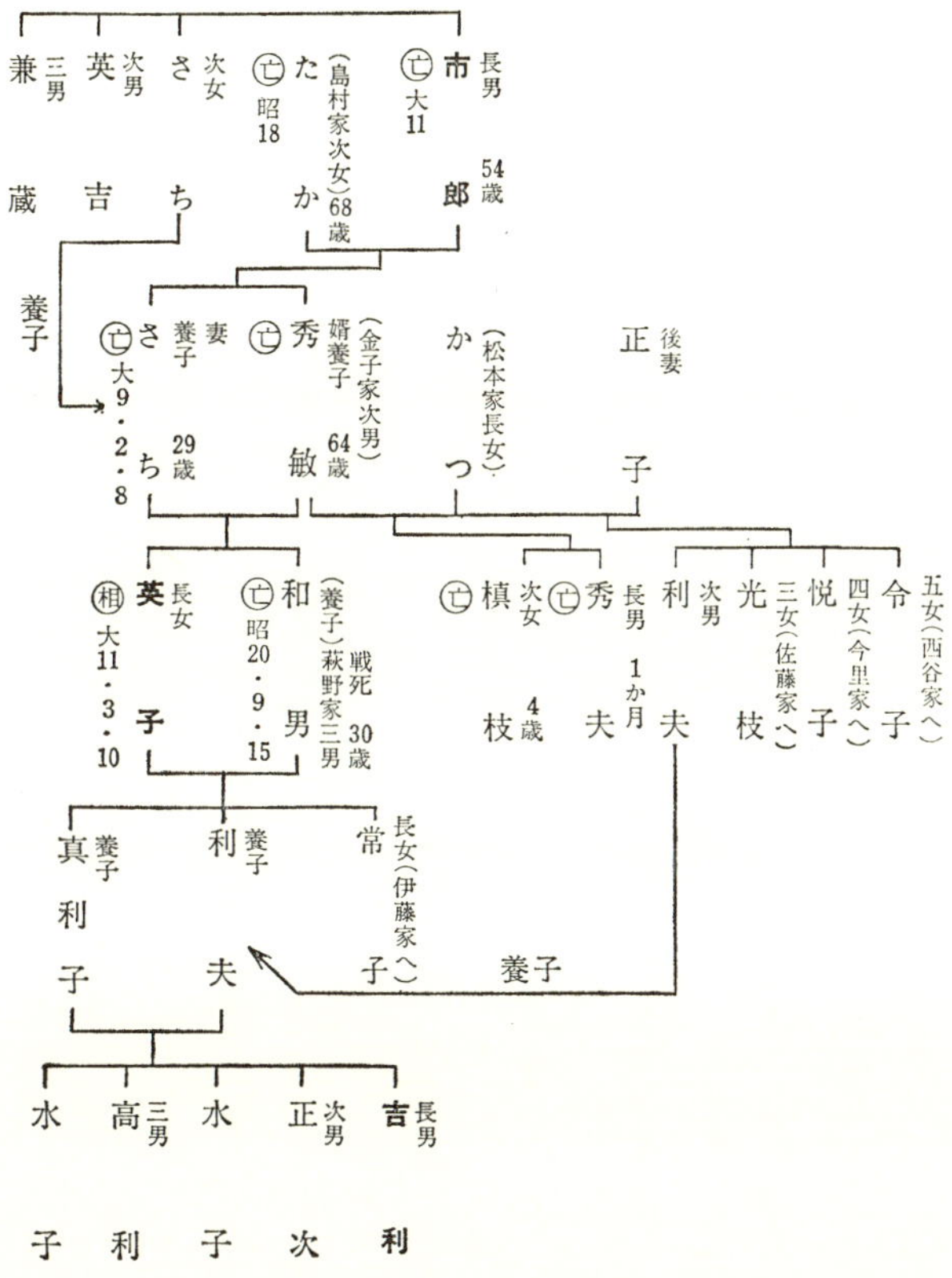

市郎 長男 54歳 亡 大11
たか (島村家次女)68歳 亡 昭18
さち 次女
英吉 次男
兼蔵 三男
正子 後妻
かつ (松本家長女)
秀敏 婿養子 (金子家次男) 64歳 亡
さち 妻養子 29歳 亡 大9・2・8
養子
令子 五女(西谷家へ)
悦子 四女(今里家へ)
光枝 三女(佐藤家へ)
利夫 次男
秀夫 長男 1か月 亡
槙枝 次女 4歳 亡
和男 (養子)萩野家三男 戦死 30歳 亡 昭20・9・15
英子 長女 相 大11・3・10
常子 長女(伊藤家へ)
利夫 養子
真利子 養子
養子
吉利 長男
正次 次男
水子
高利 三男
水子

さらに、このような家運の男子相続人は、家存続のためだけの役割を背負わされた人間となりがちで、男としての積極的な運勢にも乏しいので、とくに積善を心がけ、先祖供養に精進して、陰徳を積むことが大切です。

その第一歩として、五十年以上も放りっぱなしにしている先祖まつりを、利夫さんの力でやりとげることです。それには、相手の立場にたってものを考えるだけの度量と粘り強い行動力が要求されますが、正しい先祖供養こそがこの家系の絶家運を絶つことになります。

■幸運は待っていてもこない

箕輪家は、先祖は士族という家柄ですが、六代前の織衛という人が粗相のあった女中を庭で斬殺したといわれ、家はなんとなく陰気です。

墓地は近くの寺のなかと、自宅の道路を挟んだ斜め前の二十坪の土地と二つに分かれており、いずれも古い石像や文字の判読も難しい墓石が数十基、ただ置かれているという感じで並んでいます。

自宅前の墓地というのは、うしろがドブ川で椿が生い茂り、あとはブロック

箕輪家系図

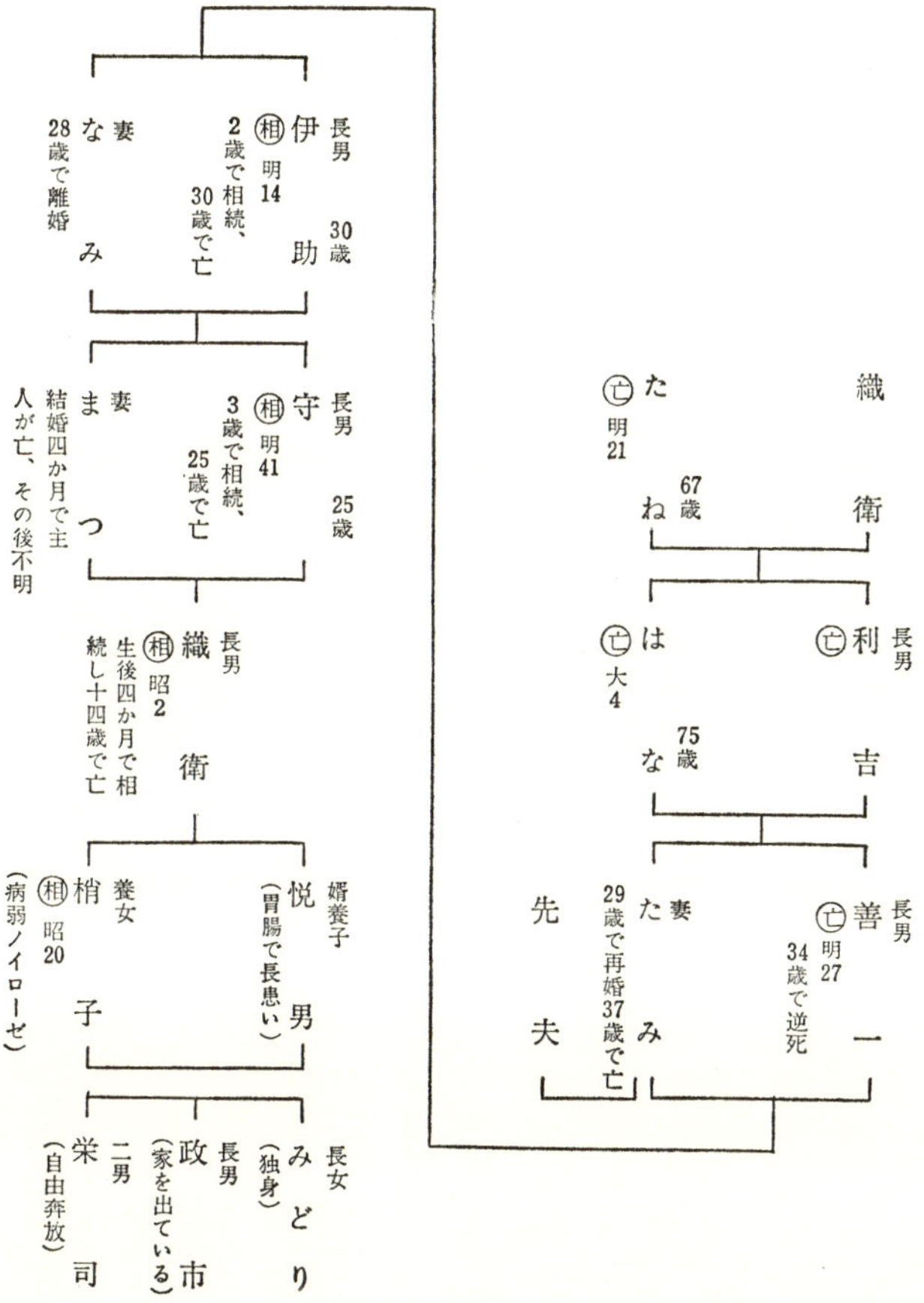
長男 伊助 30歳
(相) 明14 2歳で相続、30歳で亡
妻 なみ
28歳で離婚
長男 守 25歳
(相) 明41 3歳で相続、25歳で亡
妻 まつ
結婚四か月で主人が亡、その後不明
長男 織衛
(相) 昭2 生後四か月で相続し十四歳で亡
婿養子 悦男
(胃腸で長患い)
養女 梢子
(相) 昭20
(病弱ノイローゼ)
長女 みどり
(独身)
長男 政市
(家を出ている)
二男 栄司
(自由奔放)
織衛
たね
(亡) 明21
67歳
長男 (亡) 利吉
(亡) はな
大4
75歳
長男 善一
(亡) 明27
34歳で逆死
妻 たみ
29歳で再婚37歳で亡
先夫

塀で囲まれ、脇に用水があり、墓相でいう最凶です。

三代にわたって幼年相続が続き、絶家の跡を継いだ当主の悦男さんは胃腸が悪く長患い、奥さんの梢子さんも病弱でノイローゼ気味、長男は家を出ており、長女は未婚、次男は自由奔放な生活をしています。

先祖の土地を売り、家をたて直して、自分たちの住む場所は新築していますが、その家のもつ陰気さは消えません。自分たちの住む所よりも、ご先祖の住む所のほうがさきです。古い墓地をそのままでは、遠い先祖が座敷にあらわれて、そのまま居座るのも無理ありません。

古い墓地を整理することは、収穫のすんだ畑を再び耕して新しい種を蒔き、稔りの秋を迎えることなのです。

箕輪家は、このままでは一家離散の運命が待っています。

古い墓石だけでも数十基となると、その整理だけでも簡単ではありません。しかし、この際、多少の労力と出費を覚悟してでも、古い墓地の整理にとりかかるべきでしょう。いや、労力とかお金よりも、先祖供養をして新しく再出発するのだという気力、精神力が悦男さんに要求されているのです。運は自分の力でつかむものであり、同時に、不運は避けることもできるのです。

よいお墓をたてるためのお墓の診断書

一、先祖からの宗教は何ですか

①神道
②真言宗
③浄土宗
④浄土真宗(東・西)
⑤天台宗
⑥日蓮宗
⑦禅宗
⑧キリスト教
⑨その他

二、個人で信仰している方がいらっしゃいますか

①祖父
②祖母

③父
④母
⑤兄
⑥姉
⑦本人
⑧弟＝妹
⑨子ども
⑩なし

三、その宗教は何ですか
①天理教
②金光教
③黒住教
④大本教
⑤生長の家
⑥ＰＬ教団

⑦創価学会
⑧霊友会
⑨立正佼成会
⑩その他

四、墓地について

A墓地はどんな場所にありますか
①山の頂上
②崖の上
③平らな場所
④谷間
⑤くぼ地

B環境はどうですか
①他人の墓地を通らないと入れない
②他人の墓地にはみ出している

③樹木がおおいかぶさっている
④板石やセメントで固めている

C墓地はどちらを向いていますか（入口が）
①東
②西
③南
④北
⑤南西
⑥南東
⑦北東
⑧北西

Dお墓の入口はどうなっていますか
①境石はあるが入口はない
②入口はあっても正面ではない

③入口に門がある
④錠前がある

E境石はどんなものですか
①隣と共同の境石
②境石はない
③自然の石
④高さは一尺以下
⑤一尺以上

F墓地の形は
①方形(四隅が直角)
②奇形(四隅のいずれかが欠けている)

五、墓石について

A石は何石ですか

①白色系

②青色系

③黒色系

④赤色系

B次の項目に該当しますか

①見上げるような大きな石

②奇形の墓石（将棋の駒形とか）

③棹石が割れたり折れている

④全体が傾いている

⑤自然石（河原石）に文字が刻んでいる

⑥台石が一つしかない

⑦台石が三つある

⑧下台石が二つまたは三つの石が合わせてある

⑨台石が自然石
⑩先祖より大きい墓石

C墓石の文字について
①俗名が刻まれている
②正面に夫婦戒名が刻んである
③夫と先妻、後妻の戒名が並んで彫ってある
④正面に何々家の墓とあり、横や裏に戒名がある
⑤夫婦が別々の墓である
⑥夫の戒名が左、妻の戒名が右に並んで彫ってある
⑦建立者の名が女
⑧全然戒名が刻んでない

六、たててある順序
①世代順に右から左へ順序よくたててある
②子どもの墓が親の右にある
③乱雑にたっている

七、お墓のまつり方について
①本家と分家が同一墓地にある
②本家の墓に分家の人をまつっている
③分家が本家の墓をまつっている
④分家の名で本家の墓をたてた
⑤嫁入した娘の墓がある

【あとがき】

葬式や墓の回向等、僧侶を招いてこれを行うところから、死者にまつわる行事すべて、お坊さんの範疇と思うかも知れませんが、そうではないのです。まず、仏教とは、正しい教えを実行することで、正しい智慧を得て、悟りの仏陀に到達する悟りを教えているもので、あくまでもこの世に生きる人間のための宗教で、死者のための宗教でも死後のための宗教でもなかったのです。なかったというのは、日本に入って来た仏教は、葬式と供養をするようになったからなのです。釈迦を始め、日本仏教各宗派の宗祖の誰一人、先祖供養や死者のまつりを積極的にした人はいないのです。

が、世界の宗教の共通点は、人間の現世と来世をつかさどるという考え方で、そこには、祈りによる現世の救済と死者の供養による来世の救済があるのです。

宗教は、信仰あってのもので、また、その信仰には霊魂の存在を信じるということが前提となります。私なども、父や母の死に直面して、自分なりに霊魂の存在を信じ得たといえます。こうした考え方はレベルが低い、低俗・低級という人がいますが、このあたりが悟りを説く仏教哲学とはまったく別のものなので、いうなれば、庶民の側から発した死者の儀礼と仏教の教えとはまったく、次元が違うということなのです。

人として、人の死を悼み、その魂を救済しようという、そこには死者の霊魂に対する霊魂観がありますが、これらが、宗教的な要素となって、葬式と供養という形になったので、高いとか、低いとか、一口に「まどうな」と言って切り捨てるお坊さんもいますが、これは次元の違うということを飛び越して、とにかく悟りなさいということを押しつけていることになるのではないでしょうか。私たちには、前述の生活のなかの仏壇と同じく、古くから、葬式と供養をこの現代までも、続けて止まなかったという歴史的な事実があり、低いとか、高いとか言っても、現実のその低い次元といわれるものを理解して初めて、理想が空想で終わることなく、なると思うのです。

ただ、だからといって、私たち仏教徒は、各々いずれかの宗旨を持つもので、庶民の信仰を正しく理解したうえで、ご本尊に帰依し、それを通して、先祖をまつるという形を取っていってほしいと思うのです。

このような病める時代相に対する反省として、この数年、「まつり」とか「ふるさと」が見直されつつあります。言葉を換えていえば、人間の原点への復帰を願う人々の心のあらわれといえましょう。「人間の原点」とは、人間を人間たらしめる根幹のことです。

お墓は、自分を育ててくれた父母、祖父母、あるいは若くして亡くなった弟や妹、子どもたちを追慕する人間の美しい心情の発露として建立されてきたものです。お墓をたてることは、死者をないがしろにしない人間性豊かな行為であり、人間の原点へ復帰する営みともつながり合うのです。

ところで最近は、このお墓をたてる行為が、死者を過去に葬り去るだけのために終わっているようです。一口でいうと墓が死んでいます。お墓をたて、盆や彼岸に墓参りをする行為は、先祖と語り合い、人間の原点にたち戻ることによって過去を現在に甦らせ、さらには未来へと続くもっとも人間的な行為なのです。それだけに生きた墓でなければならないのです。子孫を必要とせず、自分一代でよしとする人、未来を信ずることができない人には墓は不要です。

私たちの一生には浮沈はつきものです。大切なことは、逆境の時に、その苦痛に打ち勝つ精神力こそ幸運を招来するということです。正しい先祖まつりをする家は家庭のなかも明るく、活気に満ちています。先祖まつりの輪のなかにこそ、未来に希望を持って生きるための糧があるのです。私たち小さな人間が力強く生きていくための数々の教えが、お墓には隠されているのです。

早いもので初版を出してから、二十二年が過ぎました。その間、数へ切れない相談者と会い、物足りなさから七年前、墓相の面でもっとも大事なことである運勢を前面に出した「家運墓相学」を出版しました。そして、今また逆に「家運墓相学」にない分の説明不足を補うことから、改訂版として再び出版したわけです。

世はまさに「天誅の時代」です。

すべてが崩壊していきます。その苦難の時代を生き残るためには、本来の日本人を取り戻すことではないでしょうか。日本人であることを忘れてしまった日本では、やがて消滅してしまいます。せめて、古くから伝承された先祖まつりを見直し、日本人の芯を取り戻してほしいと懇願するものです。

なお、最後に偉大な教えを遺された福田海乃祖、中山通幽尊師、現海主、中山瑞巌師、さらに、祖孫薬師寺白茅師に脱稿に当り深甚の謝意を表します。

合掌

南無虚空院徳王青蓮大居士
三帰礼拝

平成十四年三月
吉祥菴にて

足立宗禅

追而　お問い合わせには電話かお手紙で。またご相談の向きには予約制となっておりますので、前もってお申し込みのうえ、日時を確認され、お出でくださるようお願いいたします。とくにお手紙でのご相談も止むを得ませんが、多忙のため処理が遅れますので、あらかじめお断り申し上げておきます。

ホームページアドレス
http://www.adachi-sozen.com/

吉祥菴東京相談室
東京都新宿区舟町二
昇聖荘二〇五
電話
〇三―三三五五―一二二八

吉祥菴大阪相談室
大阪市天王寺区石ケ辻町一八―一〇
メゾンジュール・イマ七〇三
電話
〇六―六七七五―四七二二

吉祥菴名古屋相談会

月一回ないし二回開催で、
会場はその都度変わります。
ご連絡ください。

吉祥菴木更津相談室

千葉県木更津市矢那三七四五—二
電話
〇四三八—五二—二二四一

改訂新版　お墓の開運学――幸運をよぶお墓の建て方

初版第1刷発行　　2002年4月1日
初版第5刷発行　　2013年3月1日

著　者　　足立宗禅

発行者　　木谷仁哉
発行所　　ブックマン社
東京都千代田区西神田3-3-5
〒101-0065　TEL.03(3237)7777
http://www.bookman.co.jp/
印刷所　　図書印刷株式会社

　ISBN978-4-89308-486-6 C0077